学霸驾到

决胜未来的学习力

少年商学院 / 著

浙江教育出版社·杭州

目录

第①章

自主学习力 /001

基本认知：学习中最重要的是什么？ /002

学习方法：用好提高效率的"三把铲子" /006

学习心态：如何正确看待考试成绩？ /011

夯实基础：学习的基本规律是什么？ /017

知识体系：升级你的学习系统 /023

第②章

高效时间管理课 / 030

平衡学习与休息，做时间的主人 / 031

学会确立优先顺序 / 038

学会主动支配你的时间 / 045

自律与自由：时间管理的终极目标 / 052

战胜你的习惯性拖延 / 060

三大方案，放下完美主义 / 069

四大策略，打击分心大作战 / 077

四大类型，对抗混乱大作战 / 084

放学后：灵活分段，完成任务 / 093

寒暑假：承上启下，学习、娱乐两不误 / 101

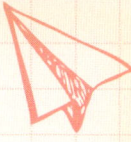

第③章

藤校自我领导力 / 110

如何跟着物理学家霍金学交友？ / 111

如何像村上春树一样养成好习惯？ / 117

如何掌握费曼的"终极快速学习法"？ / 124

如何向高考状元们学习好习惯？ / 132

如何做到文思泉涌和下笔有神？ / 138

如何把自己的兴趣玩到极致？ / 143

如何提升自己的情商？ / 149

第①章
自主学习力

A+B=C

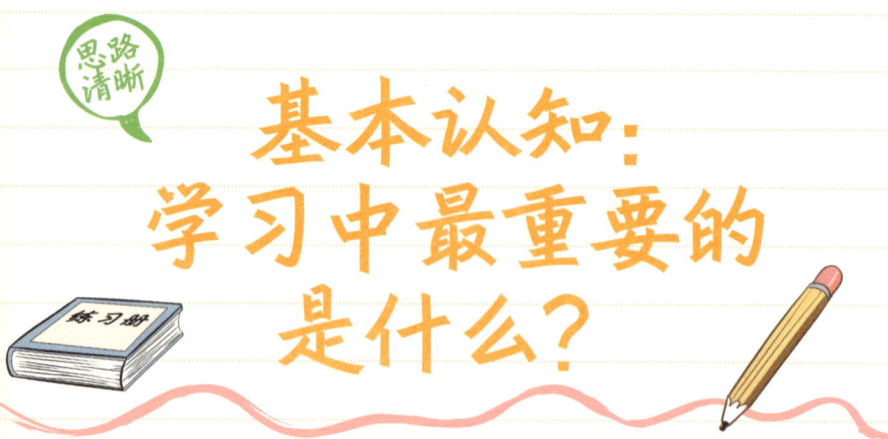

基本认知：学习中最重要的是什么？

各位同学，大家好，欢迎来到少年商学院！本章的第一讲，我想帮助同学们建立对学习的基本认知。

 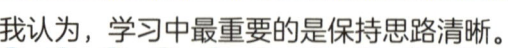

你们认为学习中最重要的是什么呢？

我认为，学习中最重要的是保持思路清晰。

每个同学的脑子里都有一个"双核处理器"：左脑一核，右脑一核。我们大脑的运转速度都差不多，学习成绩好不好，很大程度上取决于思考的方式是否正确。

举个例子：备考期间，许多同学会采用题海战术。然而，对于很多同学来说，尽管考前刷了很多题，考试成绩却不见起色，这是为什么呢？我们分析一下，刷题收效甚微的原因，其实在于你思考的方式跟不上做题的数量。遇到这种情况，赶紧停下来，冷静地思考两个问题：

第一，做了哪些类型的题？请你整理一下你做过的课本、练习册、卷子上的题目，为它们分分类。

第二，每一道题背后的知识点是什么？只有揣摩清楚每一道题考查的知识点，才能做到迎刃而解。

如果这两个问题你都没有想明白，那么你暂时不必做题了。盲目刷题，不会为你带来真正的帮助。

有的同学就要问了，怎样才能保持思路清晰呢？你需要的是长期训练。

今天我先把宏观的东西抛出来讲一讲，帮助同学们形成清晰的思路。

第一点：找到题目的中心词

看题目的时候，要想清楚这道题目的中心词到底是什么。有些同学做题的时候会不耐烦，无法静下心来思考，最后乱填一个答案，这其实是思维混乱的表现。若想改变这一点，同学们在读题时，必须能准确地判断题目中的哪些词是关键词，考的是哪个知识点，越具体越好。

第二点：学习建立知识的关联

我常见到这样两类同学：芝士 ≠ 知识

一类同学，小的时候学习比较好，但是随着年级的升高、知识量的增加，成绩反倒越来越差；另一类同学，学的知识点明明都掌握了，可一旦考题中同时涉及多个知识点，题目稍显复杂一些，他们就不知从何下手了，于是在考试中频频失利。

这两类同学可能就存在思路混乱的问题。由于不知道怎样才能把学过的知识有效地关联起来，知识都是割裂的。以这种方式学习，会让你越来越痛苦，越来越疲倦。这个时候你必须及时停下来，进行一次系统的知识梳理，使它们彼此产生关联。先将知识点梳理清楚，把"知识地基"打牢，再去做习题。日积月累，我相信你一定能看到自己的进步。

总结

最后，我想对目前成绩尚不理想，或觉得自己不够聪明的同学说一声：你首先需要改变你的思考模式，请务必让自己成为一个思路清晰的人。一个聪明的大脑，毫无疑问是一个思路清晰的大脑。同学们在学习过程中，可以允许自己思考得慢一点，毕竟，思考方向比思考速度更重要。

思路清晰不仅对学习来说很重要，它对于同学们未来分析问题、解决问题也同样极有帮助。

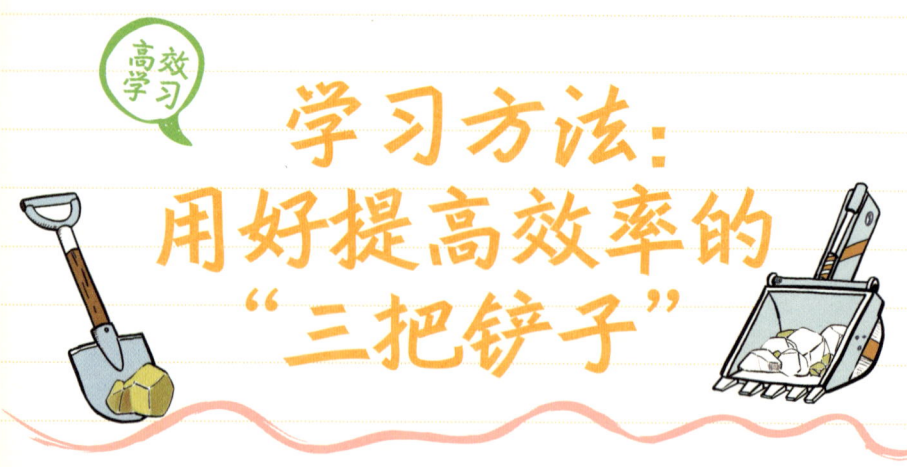

学习方法：用好提高效率的"三把铲子"

这一讲我要和同学们讨论一下，在备考期间，如何为得高分做准备。我们来分析一下高效复习的方法。

在备考阶段，首先要做的是明确考试日期。明确日期后，推算一下自己还有多久的复习时间。接下来，就要开始复习了。

在这里，我要向同学们介绍一种名为"三把铲子"的复习策略。该策略经过各种实践证明，屡试不爽，非常好用。要知道，同学们复习就好比开采金矿——你当然不能用手来刨，而是需要借助铲子，最好是三把铲子，大、中、小各一把。

 怎么使用这三把铲子？

大铲子：大扫荡

第一把铲子是大铲子，我们用它进行大面积的"扫荡"。

比如，在复习数学时，你需要关注：课本中有哪些定理，它们分别是怎样证明的；每道例题是怎么解答的，分别有几种解答方法；等等。

我们使用大铲子的目的，是要把书本上所有的知识都梳理一遍，小字部分也不可以遗漏。在这一阶段，你每梳理清一个知识点，就相当于铲到一块金子。一定要将你学过的内容耐心又仔细地"铲"一遍，遇到令你困惑的知识点，或是"铲"不动的题目时，不要让自己卡在那里太久，做个标记就好（折个角或画个问号等）。

中铲子：铲难点

当用大铲子都铲过一遍后，就轮到中铲子登场了。这把中铲子有什么功能呢？记住，中铲子只需"铲"你做过标记的部分，它们对你而言是重点和难点。你的当务之急是要彻底搞清这些知识点，让自己的困惑得到解答。因此，一定要下定决心，无论是请教老师还是和同学讨论，总而言之要弄明白。这一阶段，你每解决一个先前不懂的知识点，就相当于铲到一块大金子。

小铲子：铲精华

最后，再掏出你的小铲子，将大铲子和中铲子铲出来的金子整理、归类，放到包里保存好。类比到学习中，就是把前两轮整理的所有知识点再梳理一遍，特别是你用中铲子"铲"出来的那些精华，那是独属于你的一笔财富。

一定要牢牢记住这些知识点，把它们印在脑子里。

这样三遍下来，基本上就已经把课本都吃透了。你可千万别小看这三遍，吃透课本、打好基础是获得高分的关键。

为什么这么说？为什么要这么做？这是因为课本才是考试的根基，无论题目千变万化，都离不开课本的范围。复习中最核心的部分，就是吃透课本，把课本里出现的概念全部理解透彻。有的同学好高骛远，以练代学，买了很多辅导书，成绩却不见起色。他们问我原因，我就会反问一句："三把铲子，你真的'铲'了吗？"回答当然是没有。没有"铲"三遍就解题，这不是本末倒置吗？同学们一定要记住，练习题是做不完的。你自以为做了很多题，以练代学一定会有所收获，其实，如果根基不扎实，你的学习只会是空中楼阁。

踏踏实实地拿着铲子，把课本"铲"三遍，这才是高效备考的方法。如果课本都没有吃透，就急着去做题，是达不到良好效果的。与其浪费时间，你还不如出去锻炼身体呢！

总结

这一讲，我给同学们介绍了"三把铲子"的复习策略。同学们在备考期间，最重要的复习资料便是课本。一定要用大、中、小三把铲子，耐心地把课本上的内容"铲"一遍。俗话说得好，"磨刀不误砍柴工"，耐得住性子，充分做好考前准备，考试自然会马到成功。

学习心态：如何正确看待考试成绩？

有好几位家长曾问我:"孩子的考试成绩不太理想，甚至退步了，应该怎么办呢？"

有些同学因为对自己的要求很严格，一旦成绩没有达到目标，就会产生焦虑的心理。

我们究竟应该如何看待考试成绩呢？

经粗略划分，一场考试过后，我们可以观察到两类同学：考得好的同学和考得不好的同学。接下来，我将依次分析一下这两类同学面对成绩时应当持有的正确心态。

第一类：考得好的同学

考试是阶段性的学习检验。考得好意味着你前一段时间学习很认真、很努力，你理应感到开心，也值得和爸爸妈妈去庆祝一番。

但是切记，不要被一时的好成绩迷惑了双眼，失去了方向，觉得自己高人一等，沉浸在胜利的喜悦中久久不能自拔。这种心态是非常不利于成长的，一定要及时调整好心态，否则就容易变得孤傲不群、故步自封。

然而，在成绩不错的同学中，也会有一类同学感到失落。虽然在旁人眼中，他们的成绩和排名依旧耀眼，但其实成绩已经出现了下滑趋势。

比如，他们上次考了第一名，这次考了第五名，又担心下次会考第十名。出于对自我的严格要求，他们会非常自责。

对于这类同学,我想对你说:其实,人外有人,天外有天,当你未来去省里最好的中学学习的时候,你会发现自己不再是第一名;而当你有机会去世界顶尖高校求学的时候,你会再次慨叹这个世界之大,看清自己的渺小,发现自己还有很大的提升空间。

因此,单纯追求分数和排名的做法,并不明智。你要做的是享受学习的过程,成为更优秀的自己。

第二类:考得不好的同学

我想请考得不好的同学先来思考一个问题:我这段时间努力学习了吗?

这样的同学,请你想一想,是不是平时自己的心思都放在玩上了?例如,是不是每天玩手机的时间太长了?如果没有努力,因而成绩不理想,那是理所当然的。如果你想考出好成绩,那么平时一定要把精力放在学习上,不要被生活中的"诱惑"迷昏了头脑。

但是，如果你认为自己已经努力了，可成绩还是不如意，先别着急，冷静地回想一下，是不是前一段时间自己的身体状态不够好，或者心态有波动、压力大，甚至厌学了？如果是这种情况，你要让自己的身心得到充分放松，建议你多去户外走一走。

然而，如果你的身心状态没有问题，自己也努力了，可成绩依旧不好，那么，你前一段时间的学习方法大概率是有问题的，而且存在不少知识点没有真正掌握的情况。请冷静下来，跳出分数，借助手头的这张卷子，做一次知识的查漏补缺，看看哪些知识自己还处于一知半解的状态。

另外，你要为今后的自己制订一个合理的学习计划，分解一下目标——大到下次考试的目标，小到每天的学习计划。如果再细分，还可以小到每节课该如何听讲，怎样认真地做好作业，等等。

总而言之，先冷静下来，不要沮丧。卷子不要直接丢弃，好好分析一番，充分利用每一张试卷的价值。

此外，我也想送给考试成绩暂时不够理想的同学们一句话：坚如磐石，重新再来。

考试成绩不是评价人的唯一标准。虽然我们承认，学习能力是同学们认知能力中格外重要的一种，但它只是成功的一个组成部分。而那些包括社交能力、合作能力、创造力、毅力、情绪控制力、求知欲等在内的非认知能力才真正决定了一个人未来学历的高度、职业的高度和人生的高度。

因此，无论今天的你学习成绩多么出众，如果你不擅长沟通与合作，没有创造力，缺乏毅力，不会管理情绪，缺乏好奇心与求知欲……在未来的竞争中，你依旧会处于下风。一旦毕业离开学校，非认知能力会显得尤为重要。你可以和家里的长辈聊聊这个话题，他们一定有切身的体会愿意与你分享。

总结

今天用了一讲的时间，和各位同学讨论了一下应该如何正确看待考试成绩。考试失利算是生活中的一个小挫折，但是，你经历的挫折越多，你的人生故事就会越丰富——人生就像一本小说，一帆风顺的故事，难免显得枯燥乏味。

所以，同学们不要害怕遇到挫折。相反，挫折越多，你应该越开心，因为你的人生篇章正在变得丰富多彩起来。

> 学习规律

夯实基础：学习的基本规律是什么？

这一讲我将为同学们分析一下学习的基本规律是什么。

我们先从考试说起吧。就考试这件事而言，规则其实非常简单，谁在规定的时间里答对的题目越多，谁的分数就越高。

如果你想在考试中获得优异的成绩，首先你需要理解学习的基本原理是什么。

学习的两个层次

学习可以分成两个层次，一

个层次是"术",一个层次是"道"。它们分别是什么意思呢?

层次一:术

我们先说说"术"。它是学习的第一个层次,指的是具体的学习方法。

比如,上课的时候怎样高效记笔记?如何整理错题?如何找到题目的中心词?每个学科都有哪些解题技巧?如何从文章中快速提炼出答案?这些问题都停留在基本的方法和技巧层面,因此它们属于第一个层次。

层次二:道

第二个层次则要超越第一个层次,上升至"道"这个层面,指的是学习的基本规律。"道",才是我们学习中最为核心的部分。一切好的学习技巧和方法都是在学习的基本规律的指导下形成的。

只可惜,大部分同学仍然停留在"术"的层面。爸爸妈妈通过各种渠道,带着你向别人请教学习的方法和解题的技巧，也让你听了不少讲座，但你依旧困惑，因为你并不明白这些方法和技巧背后有什么道理。这就好比同学们学唱歌，如果你去KTV学唱歌，旋律一响起就开始唱，也不理解发声的基本原理和歌曲的节拍、韵律，就懵懵懂懂、糊里糊涂地练习，那么，练不了几遍，你的嗓子就哑了，而且唱得还并不好听。类比到学习上也是同样的道理——如果想精通学习的"术"，就必须先理解学习的"道"。换句话说，就是要先理解并掌握学习的基本规律。

最基本的学习规律

这一讲，我要给同学们讲解最基本的学习规律，让各位感受一下何为学习之"道"。如果时间倒退，我们回到了远古时代，设想一下这样的画面：一个小男孩想要向爸爸学习织网捕鱼，于是，爸爸找来绳子等工具，用双手不停地搓绳子，一边打结一边织网，一层一层地编织，织完之后，就到河边撒网，试试这个网到底能不能捕到鱼。

小男孩在整个过程中瞪大眼睛、聚精会神地看着，这便是一个通过观察进行理解的过程。这也是学习的第一步，即观察现象，同时一定要理解其本质。

接下来，小男孩闭上眼睛，努力地在脑海中回忆刚才看到的操作过程。这是第二步，即将刚才观察并理解的内容牢牢地记在大脑里。

最后，小男孩从爸爸手里接过麻绳，一层一层地织网，之后去河边尝试捕鱼，一遍遍地练习。这是第三步，也就是实践、运用。

经过反复练习，当小男孩终于能够熟练捕鱼的时候，他对织网捕鱼这一技能才算彻底掌握了。在学习知识的时候，现代人和原始人并没有本质区别。我们都是通过理解、记忆、练习这个过程来学习的，这也是最基本的学习规律。

再举一个例子，同学们在初中数学课上要学习勾股定

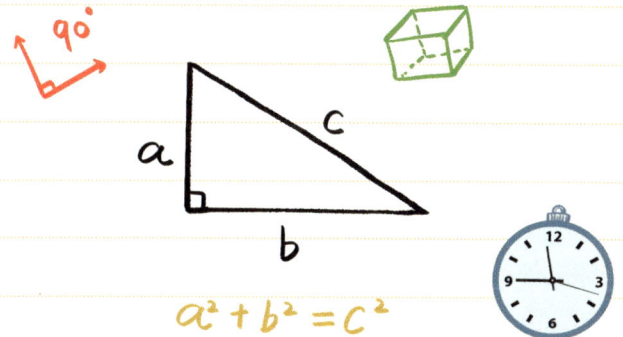

理，公式是这样的：$a^2 + b^2 = c^2$。你第一眼看到这个公式的时候，会想到什么呢？我猜你会试图弄懂这个公式的含义。a、b、c 分别代表什么呢？啊，原来 a 和 b 分别是直角三角形的两条直角边，而 c 是斜边。了解这个公式的含义后，相信你可以更快速地记忆这个公式。而下一步，则需要你借助具体的题目进行实战训练。通过练习，你会加深对这一公式的理解和记忆，最终彻底地掌握它。

总结

理解、记忆和练习的过程就是同学们学习的过程。虽然看起来简单，但是你可不能小看它。从古人学习织网捕鱼、钻木取火，到现在同学们学习各科知识，人们学习的规律不会改变，依然是通过理解、记忆和练习这三个步骤来进行的。但是，学习如果仅仅是这么简单的话，那同学们在学习中为何还会出现高下之分呢？那么，除了学习最基本的规律之外，还有什么其他的规律吗？下一讲，我会和同学们继续讨论。

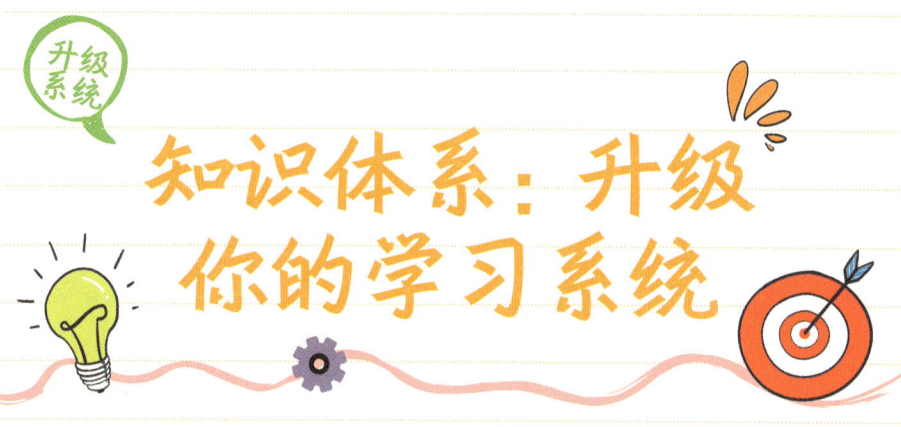

知识体系：升级你的学习系统

上一讲，我给同学们分析了学习的基本规律。从古至今，人类学习某种知识或技能的规律是不会变的，都是通过理解、记忆和练习这一过程来学习的。

这一讲，我要和同学们聊一聊系统学习。

人类的文明在不断进步，而且进步的速度越来越快。这是因为人类有一个特殊的本领，那就是不断地积累已有的知识，换言之就是不断地升级自己的学习系统。

我们以数学学习为例——同学们在小学学数学时，是从最简单的加减乘除等开始学起，初中的时候开始接触代数和平面几何，到了高中会学习立体几何、解析几何，上了大学则会学到微积分、线性代数等。你的知识体系在不断升级，知识储备在不断扩充。

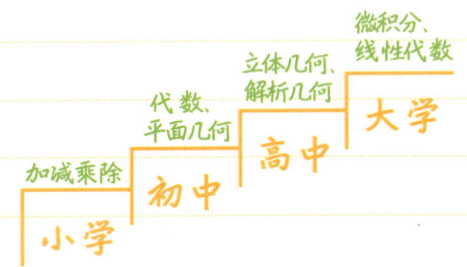

随着年龄的增长，同学们学到的知识必然会越来越多，开始可能只用学几门课程，后来变到十几门，甚至更多。面对这样庞大的知识量，如果同学们还是仅仅依靠最简单的理解、记忆加练习的方式来学习，你会发现自己学习起来越来越辛苦。

现代教育发展的速度非常快，同学们需要掌握海量的知识。因此，同学们必须升级自身的学习系统，形成系统学习的方法。

 那么，什么是系统学习呢？

简单来说，就是同学们需要把单一知识点串起来。

举一个例子：假设你在森林冒险活动中，抽到了伐木头的任务。已经成功砍得许多根木头的你，在回程的路途中，遇到了一条河，这时你会怎么办呢？你会选择抱着这堆木头游过去，还是把它做成一个木筏划至彼岸呢？其实，无论使用哪种方式你都能到达目的地，但是如果你把木头做成木筏，不但可以节省体力，还能快速前进。

木筏为什么能够快速前进呢？很简单，因为这符合科学原理。

每一根木头都整整齐齐地排列着，相互连接在一起，最终它们可以帮助你快速渡河，同时木头也不会丢失，因为它们被绑在了一起。但是如果你不做木筏，而是抱着一根根的木头过河，那么，不是说你一定到不了彼岸，而是你很可能在渡河的过程中累得体力不支。

所以，同学们在学习时，不妨想象一下木筏上的木头。

如果你把这些木头杂乱无序地抱在怀里,那它们可能不但不会发挥任何作用,反而会变成累赘,降低你的学习效率。相反,如果你把这堆木头排列整齐,用绳子把它们绑起来,做成一个木筏,那你的学习就会变得非常高效。我举的木筏的例子,恰巧很好地诠释了系统学习的基本原理。

再给同学们举一个学习英语单词的例子。同学们在小学阶段,大约需要掌握 600 个英语单词,凭借死记硬背或许就能过关。但是,如果你想把自己的词汇量从 600 个单词扩充至 6 000 个单词,甚至 20 000 个单词,用死记硬背的方式就会十分困难。这个时候该怎么办呢?

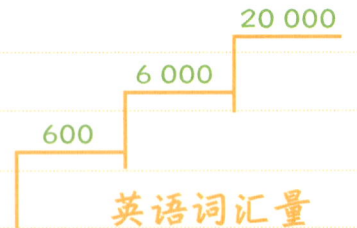

同学们,我们可以把捆木筏的例子类比到学习英语单词上,其实这些单词都不是孤立的,要想办法把它们串在一起。

我们以英语单词 curious 为例——形容词 curious（好奇的）很常见，是个很重要的单词，但我们在学它的时候，还可将相关词汇也一起记住。例如，你可以为它添加后缀"-ly"，使它变成副词 curiously（好奇地），这样一来，你又学会了一个单词。

此外，你还可以把它变成一个名词，即 curiosity（好奇心）。你以为到这儿就结束了吗？还没有！

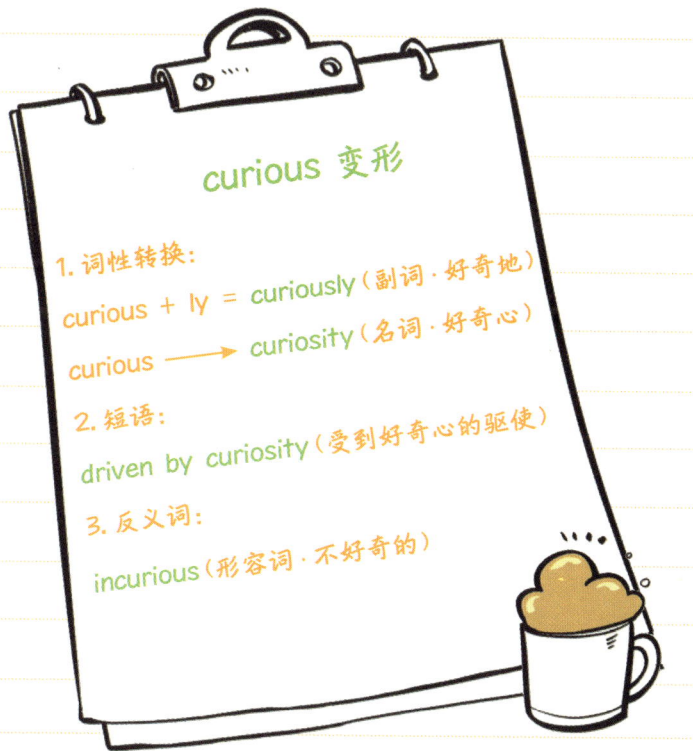

curious 变形

1. 词性转换：
curious + ly = curiously（副词·好奇地）
curious ⟶ curiosity（名词·好奇心）

2. 短语：
driven by curiosity（受到好奇心的驱使）

3. 反义词：
incurious（形容词·不好奇的）

让我们再把这个名词变成一个短语：driven by curiosity（受到好奇心的驱使）。

最后再问问自己，curious 的反义词是什么？是 incurious（不好奇的），在 curious 前加一个前缀"in-"即可。

如果你理解了构词的基本规律，那么你只需记住一个单词，就可以把与它相关的几个单词都记住。

而学习任何一门学科，大脑里都是一个捆木筏的过程。这一过程有两个要素：

第一，你需要有很多根"木头"。这里说的木头指同学们需要积攒的知识点。

第二，将这些"木头"（知识点）按照一定的规律组合起来，使它们相互间产生联系。

这两个要素缺一不可——缺了任何一个，你的木筏可能都不会漂太远。

  同学们一旦领会我说的这个道理,你的学习系统就已经完成升级啦!在这个基础上,现在还有更加先进的学习系统,比如我非常推崇的跨学科的学习系统。这种学习系统要求我们在学习知识的时候,能把语文、数学、科学、历史等学科有条不紊地串起来。

  当然,这套学习系统并不简单,需要同学们有一定的基础知识的积累。以后有机会,我再和同学们细讲。

第②章

高效时间管理课

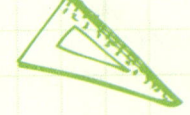

观念篇

平衡学习与休息，做时间的主人

这一讲我们要介绍的是时间管理中的一个重要概念——时间观念。

首先请大家思考一下，你们觉得时间流逝的速度总是一样的吗？

时间流逝的速度是一样的，对不对？但我们接下来要做的两个小实验可能会让你有不一样的看法。现在请大家准备好一个有分针、秒针的时钟，或者用手机上的时钟来代替，再拿出一支笔和一张纸。

你准备好了吗？那我们开始做两个 3 分钟小实验吧！

我们先来做第一个实验。请你先看一下时间，然后闭上眼睛，从下一秒开始计算3分钟的时间。等你觉得3分钟到了，再睁开眼睛看看时钟，记下此刻看到的时间。

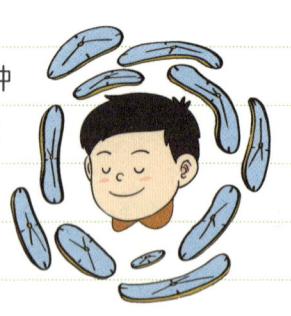

第二个实验同样是计算3分钟的时间。但这次，在计时的同时你需要做其他的事，比如吃饭、看书、画画……过程中不能偷看时钟。当你感觉3分钟到了的时候，再看看时钟，记下此刻看到的时间。

现在我们来比较一下两次实验记下的时间，它们都是不多不少3分钟吗？

通常会出现这样的现象：在第一个实验中，我们往往会在没到 3 分钟的时候就以为 3 分钟已经到了；而在第二个实验里，我们看时钟的时候，很可能已经超过了 3 分钟。这是什么原因呢？难道时间真的会偷偷变慢或变快吗？

第一点：了解时间的价值

在这两个实验中，不难发现，我们对时间的流逝速度有不一样的感觉，这就是"时间的价值"。当你无所事事的时候，时间就会显得格外漫长；相反，在你做事情的时候，时间就会跑得特别快。了解了时间的价值，学习时间管理就更加重要了。

我们常常听人说，时间就是金钱。具体来说，一天共 24 小时，由 86 400 秒组成。假设每个人都有一个"时间账户"，那么这个账户里每天都会有 86 400 块钱

供我们随意使用。晚上12点后，不管你有没有花完这笔钱，账户余额都会自动归零。第二天，又会有新的86 400块钱出现在账户里，周而复始。如果这笔钱真的存在，你会把它留在账户里什么都不做吗？不，我猜你一定会想尽办法利用好每一分钱。

不难看出，这个"时间账户"对每个人都是平等的。但是，具体要如何支配这笔时间财富，其决定权在你手上。每一分钟都是有价值的，所以我们要珍惜时间。

为了加深理解，这里我举一个法国拿破仑将军的例子。

有一次，拿破仑在军营中召集将士们商量军务，顺便一同用餐。但到了约定的时间，将士们却没有露面。拿破仑并没有等他们，而是直接开始用餐。等到将士们姗姗来迟，拿破仑已经吃饱并下令收走了饭菜。面对将士们，他说，你们没有在约定的时间出现，现在时间过了，你们应该也吃饱了吧？将士们便只能饿着肚子开会。但这以后，这些将士们再也没有出现过不遵守约定时间的情况。

如果只是饿了一顿肚子，那并不算太严重。但在战场上，分秒之差都有可能影响最终胜负。而在平时的学习生活中，你则可能因为拖延时间，而导致自己需要熬夜写作业，从而白白牺牲了睡眠时间。

如果我们学会了时间管理，就能更好地按自己的喜好安排学习与休息了。大家可以想象一下，假如你现在有两份作业都必须在今天完成，一份来自你喜欢的学科，一份来自你讨厌的学科，那么你会选择先做哪份作业呢？

长时间面对不喜欢的学科，所有人都易产生疲劳感，等到可以做喜欢的学科的作业时，恐怕也没有心情了。通过时间管理，我们就可以缩短不喜欢的学科的学习时间，拉长喜欢的学科的学习时间,让自己的心情更加放松。

第二点:预留充裕的时间

时间管理的另一个重点是预留充裕的时间。当有一项课题需要完成或者有一场考试需要准备的时候,往往有三种类型的学生:

第一类学生
马上动手,尽快完成任务。

第二类学生
留出充裕的时间供自己安排。

第三类学生
拖到最后关头才匆匆忙忙完成任务。

我曾经调查过，很多同学都属于第三类学生。其实这种方式也没有什么大问题，但相信大家都遇到过计划赶不上变化的情况，比如在最后关头生病了，或由于时间紧迫，只好草草收尾。如果我们在为一项任务设定目标时间的时候，能多预留一些时间，我们就可以更从容不迫地完成任务，也有时间和精力来处理突发状况。

从时间管理的角度来看，多出来的时间，就是我们的自由时间，可以用来读书、看电影、运动、跟朋友聚会……如果我们好好利用每一分钟，我们就会有更多能自由支配的时间来做想做的事。听起来是不是很令人心动呢？

总结

通过这一讲，希望大家可以理解时间管理的重要性。时间管理的目的并不是让我们能完成更多的学习任务，而是让我们能按照自己的喜好，更好地安排学习与休息。希望大家可以找到适合自己的时间管理方法，落实在自己的学习与生活中，好好享受每一天。

技能篇

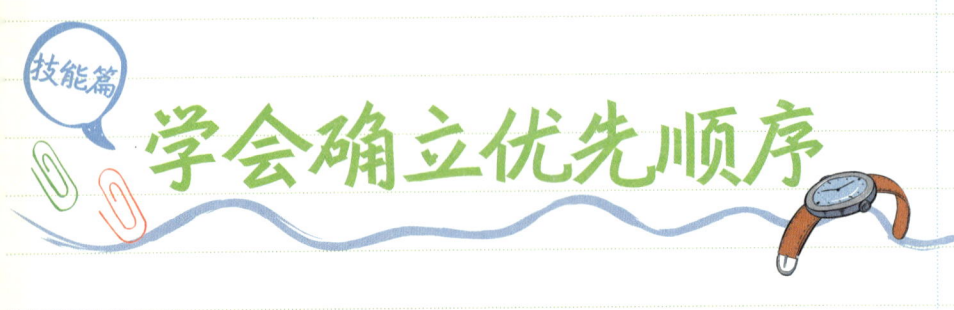

学会确立优先顺序

前几天，我收到了正在读五年级的小王同学的留言，他最近加入了一个学校社团，每天除了要完成功课，还有社团的工作要做，到了周末，还要去上兴趣班，事情多到做不完。虽然每天都忙得团团转，要到半夜才能睡觉，但他却发现自己每一件事情都没做好。

事实上，这是一个非常普遍的问题，许多同学每天都有好多事情要完成。而且，事情一旦多起来，思路就会很混乱，做事效率就会大大降低。

那么，怎样才能在这种看似超负荷的状态下保持有条不紊、不慌不乱呢？

这里，我想要教给你一个时间管理中非常重要的概念：优先级。

你的待办事项清单要按照事情的优先级进行排序。许多人分不清事情的优先级，缺乏清晰的规划，觉得每一件事情都同样重要和紧急。这会导致什么后果呢？在事情多的时候，分不清优先级的人很容易陷入盲目的忙碌——他们看似很忙，但其实不知道到底在忙什么。

其实，人的时间和精力都是有限的，所以，在规划时间的时候要学会分清事情的优先级，对于不同优先级的事情，要用不同的心态和方法去处理。

那具体应该怎么做呢？为了帮助你学会分清优先级，我要教给你一个重要的工具——时间管理矩阵图。

你不妨现在拿出一张白纸，跟着我一起画一下。首先在纸上画一条横轴，左边写上紧急，右边写上不紧急；再画一条竖轴，上面那头写上重要，下面那头写上不重要。这样四个象限就出来了。

接下来，你只需把你还没有完成的任务，逐项放进这四个象限里即可。

重要

| A 象限 | B 象限 |
| 重要且紧急的事情 | 重要但不紧急的事情 |

紧急 ——————————————— **不紧急**

| C 象限 | D 象限 |
| 紧急但不重要的事情 | 不重要且不紧急的事情 |

不重要

A 象限，我们可以称之为"救火"象限。这个象限里的事情，你必须马上动手做，否则就要火烧眉毛了。因此，在 A 象限中，请列入你认为十分重要且紧急的事，比如完成明天要交的作业等。

B 象限，我们称之为"计划"象限。这些事情虽然也很重要，但还没到迫在眉睫的程度，你需要提早制订完成这些事情的计划，把它们放入你的时间规划表当中。因此，请在 B 象限中列入那些重要但是不紧急的事情，比如读课外书、运动、参加朋友聚会等。

C 象限，又叫"蒙蔽双眼"象限。仔细想一想，你是不是每天都花了不少时间来处理那些并不重要的琐碎小事，而且有一种"我一直在认真做事"的错觉？比如，该做作业的时候，你一会儿起身接杯水，一会儿削支铅笔，看似在忙，其实作业根本就没做多少。如果不削铅笔，你就很难继续写字了，可想而知,削铅笔这件事情确实紧急。但是,像这样的小事你要尽快处理掉它们，不要让它们占用你太多时间,因为你还有更重要的事情要做。因此,在 C 象限中,你需要列入的是那些紧急但是不重要的事情。

D 象限，又可被称为"浪费时间"象限。在时间紧迫的时候，就不要惦记这个象限里的事情了，先去处理其他事情吧！因此，在 D 象限中，请列入那些既不重要也不紧急的事，比如看电视、玩游戏等消遣时光的事情。

四种优先级和与它们相对应的处理方法已经讲完了，

你学会了吗？

接下来我想抛出一个问题：我们在规划每天的时间分配的时候，应该把更多的时间预留给哪一个象限呢？你可能会说："当然是 A 象限，因为这些事情最重要、最紧急。"可事实果真如此吗？

想象一下，假如今天是周日，明天要交的作业你还没做完，而且明天的英语课有小测验，你还没有复习之前学过的单词。这时候，这些事情就都属于 A 象限了，所以你必须利用大部分的时间来"救火"。

请你思考一下，为什么会出现这种情况？从周五下课到周日晚上，你明明有两天多的时间，为什么要把所有事情都拖到周日才去完成呢？答案显而易见：因为你没有做好时间规划。

如果你的时间规划表里面，大部分的时间都是在完成 A 象限的任务，那就说明，你缺乏时间规划的意识，没有未雨绸缪。这会导致你永远处于急匆匆的救火状态，而应当被列入规划的 B 象限的事情则永远都来不及做。

千万不要忽视学习中那些重要但是不紧急的任务，比如：积累写作的素材，提升英语阅读的速度，整理数学考试的错题，等等。这些任务或许不需要你以作业的形式马上上交，但是如果你不提前安排并适时完成，到了要考试的时候，就容易掉链子。

所以，在做时间规划的时候，一定要留出足够的时间来完成 B 象限的任务，这样才能跑在时间的前面，做到游刃有余。

总结

说到这里，这一讲的内容就接近尾声了，我们来复习一下。首先，你学会了一个很重要的时间管理上的概念：优先级。其次，你还学习了一个工具——时间管理矩阵图，它的四个象限可以帮助你分清任务的轻重缓急。使用矩阵图时要注意，不能只关注既重要又紧急的事情，而忽视那些重要但不紧急的任务，否则你会永远处于救火的状态，忙碌又低效。

最后，给你留一个小任务：请尝试用时间管理矩阵图规划一下你的周末时间。

> 观念篇

学会主动支配你的时间

这一讲介绍的是时间管理中一个很高级的观念。如果你的爸爸妈妈在旁边，不妨邀请他们一起来阅读。

你一定知道一些商业领域的领军人物，比如，微软公司创始人比尔·盖茨、股神巴菲特、脸书创始人扎克伯格等。你说，这些人忙不忙？一定很忙，对不对？他们每天不仅要处理公司的业务，还要应对各种活动，接受各种采访，会见各种重要人物等，恨不得一天当三天过。

面对如此繁杂的事务，牛人们会怎样支配时间呢？

如果你深入研究他们的时间管理习惯，就会发现他们都遵守一个原则，那就是他们会主动支配时间，而不是被时间牵着鼻子走,越陷越深。这句话听起来有些抽象,我们不妨用生活中的具体案例来解释一下。

想象一下,你在电影院买了一张电影票,花了 40 元,要观看时长 2 个小时的电影。看了半小时后,你觉得这部电影其实很糟糕,剧情无聊透顶。

请思考一下,此时的你会选择离开吗?显然,你有两种选择:

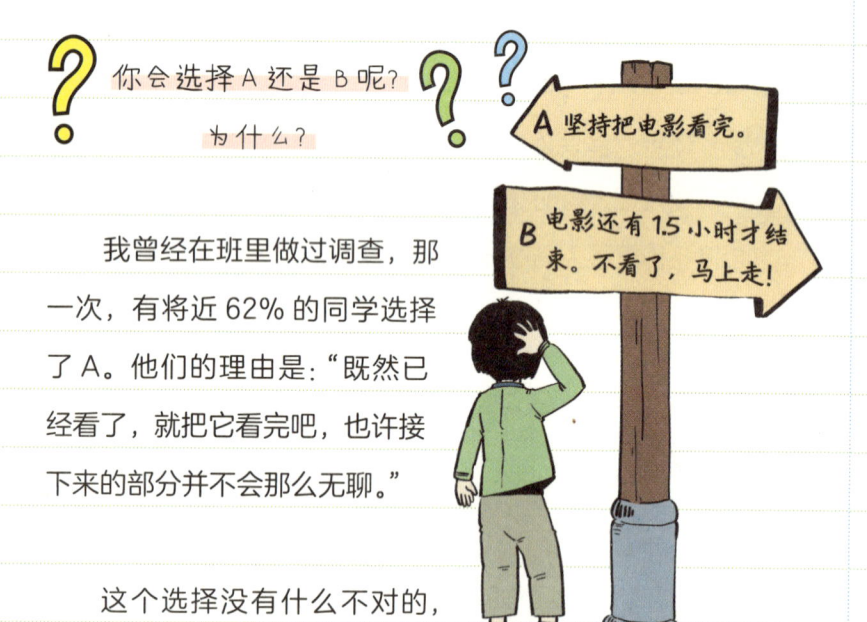

你会选择 A 还是 B 呢?为什么?

A 坚持把电影看完。

B 电影还有 1.5 小时才结束。不看了,马上走!

我曾经在班里做过调查,那一次,有将近 62% 的同学选择了 A。他们的理由是:"既然已经看了,就把它看完吧,也许接下来的部分并不会那么无聊。"

这个选择没有什么不对的,

但如果是那些顶级优秀的人去做选择，你会发现他们的选择是 B。也就是说，如果他们去看电影，一旦发现电影不好看，没有达到预期，他们就会毫不犹豫地直接离场。

这是为什么呢？我们不妨学习一下他们是如何思考的。

其实，我们的时间和他们的时间是一样多的，每天都拥有 24 小时，但他们看待时间的观念和我们不同。他们从来不会被时间牵着走，相反，他们愿意主动掌控时间。他们会明确一个时间段的目标，努力去实现，如果没有实现就不再浪费时间了，还不如用这些时间去做更有价值的事情，实现效率的最大化。

为了加深你的理解，我需要引入下面两个概念：不可控事件和可控事件。

首先来了解一下什么是不可控事件。

让我们回到上文讨论的看电影的案例。你在电影院买了一张电影票，一旦电影正式开始，电影票就退不了啦，对不对？票已经买了，这件事情已经发生，无法改变，你控制不了，因此，它是一个不可控事件。

接下来再了解一下什么是可控事件。那么，究竟哪些事件是你能控制的呢？

你能控制的事件是：当电影看到一半，你发现电影并不好看时，你是忍着看完呢，还是提前离场，并利用剩下的时间去做自己喜欢的事呢？这件事情是你可以操控的。

所以，从时间管理的角度来分析，这时候你不必再考虑这张票的价钱，反正这笔钱也无法收回了。如果此时你还要忍着看完电影的话，你的时间只会"赔"得越来越多。脑补一下，你走出电影院时可能还会抱怨："看这部电影真是浪费时间!"

我在给同学们上时间管理课的时候,听到最多的一句话是:"早知道我就不……还不如用这段时间做点儿别的。"这种后悔的话语,也向我们传达了时间管理的重要性。

由此可见,在上面的案例中,与其继续看电影,你还不如利用剩下的时间去做更有价值的事情,例如写作业、复习、预习,或者放松一下去逛公园、打篮球、弹琴等,这些都是不错的选择。

这里给你分享一件发生在我身上的小事:

几年前,我心血来潮,给家里购置了一台跑步机,就摆在客厅里。我原本的美好设想是,若是我和家人能一边看电视,一边跑步,岂不是一举两得?然而,没过多久这台跑步机就没人用了,沦为一件摆设。后来我干脆拿它来挂衣服,还在上面堆满了杂物。

就这样,三年一晃而过。由于客厅空间有限,全家都同意把跑步机挪走。就在挪走的那一刻,家里忽然显得清爽、整齐、美观了好多。我妈妈感慨道:"早知道当初就把跑步机挪走了,家里乱了好几年。"

"早知道"这个词,像闪电一样划过我的大脑。我开始反思:是不是我宁可继续乱着,浪费空间、时间、金钱,也不愿意改变呢?这种放弃主动权的做法,才是真正浪费时间的表现。

总结

通过本讲,希望你可以理解:时间是用来支配的。你要明确目标,做好规划,设想好一条时间线。当你学会主动支配时间的时候,不管是在做什么,都不是在浪费时间。这个观点有些难以理解,希望你可以反复琢磨。

最后，让我们思考一个问题：假设你和好朋友约好去一家很有人气的餐厅吃饭，由于赶上饭点，你们已经排队等候了 40 分钟，而服务员告诉你，不确定还要再等多久。这个时候你是会继续等候，还是和朋友换一家餐厅用餐呢？你可以假设出不同的条件，并分别解释你决策的过程。

观念篇

自律与自由：时间管理的终极目标

时间管理修炼到最高境界是什么呢？

其实就是两个字：自律。

萧伯纳说过：

自我控制是最强者的本能。那些成功的人士，都拥有明确的目标和使自己实现目标的自律。

关于自律的话题，我拆解成多讲来和你分享。

第一讲，我将通过不同领域人物的故事，让你理解自律的重要性。

在接下来的几讲中,我将通过具体的操作方法,教会你如何自律。

这一讲我要分享的是自律的重要性。为了能够让你更轻松地接受这个话题,我挑选了三个经典的人物故事。这三个人分别来自三个不同的领域:音乐、商业和体育。希望你听完这三个人的故事,能够感受到自律的意义。

人物一:音乐大师久石让

久石让是谁呢?他就是为动画电影《天空之城》和《千与千寻》配乐的音乐大师。

在某次采访中,久石让被问到一个问题:对作曲家而言,最重要的是什么事情?久石让想了想,答道:"不断创作。"

看到这四个字,你有什么感受?我猜你会慨叹于他的

不易。因为创作需要人长时间保持专注，还要努力克服负面情绪的影响。

据说，久石让在为《哈尔的移动城堡》创作配乐的时候，收到一个任务：他需要在 10 天的时间内完成 10 首交响乐团版的配乐。

接到这个任务后，他是怎么做的呢？他的选择是先规划自己的时间表，时间是这样安排的：

09:45	起床，喝杯咖啡
10:00	去附近山上散步 1 小时
11:30	享用午餐，之后洗个澡
12:30	进入录音室，专心作曲
18:00	准时吃晚餐
19:30	回到录音室继续作曲
04:00	入睡

就这样，在 10 天内，他竟真的完成了 10 首交响乐团版的配乐，创造了奇迹。

怎么样,你看了音乐大师久石让的时间安排,有哪些感受呢?你很佩服他的自律,对不对?这中间但凡有一点懈怠,都会功亏一篑。

当你面对繁重的功课或者复习备考的时候,你需要像久石让一样,使学习和生活有规律,学会自律,坦然面对挑战。

人物二:比尔·盖茨

盖茨曾和老师打赌,要在 30 岁成为百万富翁。而在 31 岁那年,他已经成为亿万富翁,40 岁成为全球富豪排行榜的第一名。

在哈佛大学读书的时候，盖茨就和好友艾伦一起为第一台微型计算机编辑语言。整整 8 周的时间，他们就一直在宿舍里，没日没夜地编写、调试程序。当别的大学生在休息、玩乐的时候，这两个年轻人却为了自己的梦想，把全部的精力投入到了工作中。

即使后来微软公司已经步入正轨，盖茨仍经常工作到晚上 10 点以后，从不让自己松懈。如果他曾经太过善待自己、不够自律，相信他也不可能把自己的潜能发挥到极致，获得事业上的成功。既然全球首富都如此自律与勤奋，我们是不是也要向他学习呢？

人物三：克里斯蒂亚诺·罗纳尔多

如果你对罗纳尔多（又被称为"C 罗"）不熟悉，我先来简单介绍一下他：身高 1.85 米的 C 罗，是全世界顶尖的足球运动员之一。他拥有惊人的爆发力，被视为当今足坛身体最强壮的球员之一。他大腿上的肌肉就像一块一块的铠甲一般，十分强健有力。

生于 1985 年的 C 罗，虽然已经过了踢球的黄金年龄，但依然状态出色。C 罗接受采访时曾表示："虽然我已经 30 多岁了，但是现在我的生理年龄是 23 岁，我还有很长时间可以踢足球，我可以一直踢到 41 岁。"

C 罗不但天赋异禀，同时也是非常刻苦的人。每天除了在球队训练外，他还会去健身房加练。常年有规律的训练让 C 罗的体脂率只有 7% 左右，而其他顶级球员的体脂率普遍是 10%～11%。此外，C 罗跑动时最高时速达到了 33 千米，其他球员的时速普遍在 30 千米左右。浑身都是肌肉的 C 罗在球场上锐不可当。

C 罗为什么可以将自己训练到这种状态呢？这是因为他在日常训练和生活中极度自律。

别看 C 罗现在肌肉发达，他小时候却是骨瘦如柴。这样巨大的变化源于他 11 岁的一个决定——11 岁时 C 罗下定决心，要成为比其他球员更强壮的人。于是他时常晚上一个人溜出宿舍，去加练。日积月累，C 罗变得越来越强壮，速度也越来越快。C 罗本人也表示："有一次我走进球场，那些曾认为我瘦小的人，看到我，如同看到野兽一样。"

我再给大家分享几件关于 C 罗的小事。

球赛过后，C 罗并不会像其他球员一样去酒吧尽情庆祝，吃肉喝酒，而是选择食用一些能快速恢复肌肉力量的食物，或者沙拉营养餐。之后，他会在冷热水中交替泡澡半个小时来加速体能恢复，最后会去游泳馆游泳 20 分钟左右。这就是一名顶级球员的日常生活，远没有人们想象中那么光鲜亮丽。

有一次 C 罗出席法庭，由于天气炎热，西装革履的 C 罗觉得口渴，便向法官要水喝。法官递给 C 罗一瓶可乐，却遭到 C 罗的拒绝——"我需要的是水，不是饮料。"仅仅从这个细节，我们就可以看出 C 罗对自己的要求有多苛刻。

最后，不得不感慨一句，体育界天赋异禀的运动员确实很多，但是不少明星运动员却在黄金年龄就早早陨落，从此销声匿迹。他们输给的是竞争对手吗？也许并不是，很多情况下，他们只是败给了诱惑与欲望。

总结

今天这一讲，介绍了久石让、比尔·盖茨和C罗的故事，希望可以让你感受到自律的力量。其实，每一个成功者，都是高度自律的，都有极强的自我管理能力。

学会克制自己，才能在自律中不断磨炼出自信。记住，越自律的人，在生活中越有底气，越有自信。

> 技能篇

战胜你的
习惯性拖延

假如明天有一场语文考试，你会怎么安排自己的复习任务呢？是马上就去制订复习计划，还是直到进考场前，才抓紧最后一点时间翻一翻课堂笔记？

有些同学高度自律，能够很好地安排自己的时间。但也有很多同学总是临时抱佛脚，该复习的时候磨磨蹭蹭，不到最后一刻绝不行动，眼看马上就到时间节点了，这才马不停蹄地拼命往前赶，结果搞得自己疲惫不堪，成绩还不见起色。

相信这些拖延的情形对你而言并不陌生，那么，为什么我们总是会习惯性地拖延呢？怎样才能改掉这个毛病，让自己的计划有效执行呢？

今天这一讲，我们就来聊一聊时间管理中的常见敌人——拖延。

首先，我要强调一下，拖延是一种普遍存在的现象，多数人都经历过。特别是当你遇到自己不喜欢做的事情时，你会更倾向于拖着不做。而且，不仅普通人会拖延，连胡适这样的大人物也会。

胡适先生的留学日记中，就有这样的记录。7月12日，胡适写的是："记这本日记，是为了督促自己下个学期多下些苦功。先要读完手边的莎士比亚的《亨利八世》。"可到了7月13日、14日和15日，每篇日记中，胡适都写着"打牌"。到了16日，胡适忍不住了，就在这天的日记中写道："胡适啊胡适！你怎么能如此堕落！先前制订下的学习计划你都忘了吗？子曰：'吾日三省吾身。'你不能再这样下去了！"这番自我批评够严厉了吧？可7月17日和18日的日记里，他依然写的是"打牌"。

讲这个小故事，是想告诉你，我们每个人或多或少都会有拖延情结。当出现这种情况时，找到适合自己的方法来减少拖延情况的发生，比指责自己更重要。

四种拖延类型

其实拖延症也有不同的表现类型。弄清楚自己的拖延症属于哪种类型，能够帮助我们更好地管理时间。下面，我就以蜜蜂、八爪鱼、鸵鸟、猴子四种动物分类说明。

设想一下，明天就要交语文作文了，今天的你会怎么做？如果你是立马执行、快速写完作文的超人学生，那么恭喜你，你没有拖延症。

然而，面对这个任务，忙碌的蜜蜂型拖延症患者一会儿收拾一下书桌，一会儿弹一下钢琴，就是不去写作业；八爪鱼型呢，第一时间就把作文列在自己的待办事项清单上面了，但是写完大纲就开始分心了，听首歌，玩会儿游戏，好不容易回过神来写个开头，又分心做其他事情了；第三种鸵鸟型呢，一想到写作文，整个人都不好了，最怕写作文；最后一种猴子型，则是满不在乎，找借口说自己有压力的时候才能迸发出灵感，因此不等到最后一分钟绝不动手。

听完我对这四种拖延类型的描述,你觉得自己属于哪一种呢?经过认真思考,你会发现,这四种拖延类型背后的原因各不相同:

蜜蜂型

想做的事情太多,又抓不住重点,导致重要且紧急的事情被拖在后面了。如果你是蜜蜂型,那我给你的建议就是:排好优先级,重要的事情放在前面做。

八爪鱼型

由于专注力不够,因而常常把一件事情的时间战线拉得过长,容易虎头蛇尾。如果你属于八爪鱼型,那平时就要多注意训练自己的专注力,集中精力做完一件事之后再去做另一件事。

鸵鸟型

通常是因为这件事自己不擅长或者不喜欢,从心理上回避。意识到这点,那平时就要多补习自己的薄弱科目,提升自信心,下次再碰到这门功课的作业,就不会习惯性逃避。

猴子型

其实是过度自信、缺乏计划。真到最后一刻动笔就会发现,事情远没有想象中那么简单,结果搞得自己很狼狈。所以,如果你属于猴子型,千万不要总是寻求这种压力下的刺激,一定要提前做好时间规划。

了解这些方法之后,你可以在日常学习和生活中进行有针对性的练习,增强自己的时间管理能力。但也有一些人,特别是那些重度拖延症患者,明明已经制订了计划,可总是不能按照计划执行。

遇到这种情况该怎么办呢?

给重度拖延症患者的建议

美国斯坦福大学的佩里教授就提出过一个令人惊讶的观点。他认为,拖拉一点也无妨,我们应该学会做一个快乐的拖延症患者。

什么意思呢？在他看来，拖延不等于两手一摊，什么都不做。相反，拖延症患者通常会做些略显有用的事，比如削削铅笔、整理书桌一类的。为何拖延症患者愿意做这些呢？因为做了这些，就可以不去做那些更重要的事。通常的结果是，排在任务清单第一位的事情总是很难顺利完成，然而排在其后的任务被完成的可能性却大大提高。一旦掌握这个规律，我们就可以对爱拖延的特性加以利用，为你实际想做的那件事找一件看似更难、更重要的事，听起来是不是很有道理？

佩里教授根据自己总结的经验，还给这些重度拖延症患者提出了下面几条建议：

建议一：勇敢迈出第一步

就像上面提到的鸵鸟型拖延症患者，拖着不做一件事通常是因为担心做不好。而不去做，看似就可以杜绝这种风险。佩里教授认为，如果能克服自己心理这一关，打定"我就是做得很烂怎么着吧"的态度，随便开个头，往往最后完成的时候就会发现，也没有那么烂嘛。很多失望、挫败、被否认都是自己吓唬自己，只要迈出第一步，完成这件事就不再是一个巨大的困难了。

建议二：学会分解任务

为了让自己利用好晨起时间，佩里教授列了一份清单放在闹钟旁，内容如下：

1. 闹铃响的时候别按小睡按钮
2. 起床
3. 去浴室
4. 不要再回来躺下
5. 下楼
6. 煮咖啡

他说，当他手捧咖啡坐下时，发现自己已经做完六件事了，感觉真好。听起来虽然有些自欺欺人，但如果能给自己带来良好的感觉，接下来做起事来就会更带劲了呢。

建议三：多和不拖延的人合作

拖延症患者有一个很大的共性——当他们独自完成任务时，他们会拖延，而在群体压力下，他们的拖延症就会缓解很多。所以，如果你身边有特别自律的同学，记得多和他们一起学习。你一定能在潜移默化中战胜拖延症，这就是环境的力量。

总结

以上就是我和你分享的关于拖延症的全部内容。希望你能明白，每个人都会拖延，有拖延症并不可怕，先分析自己属于哪一种拖延类型，然后有针对性地总结方法，减少拖延情况的发生。

此外，如果你经常拖延，坚信自己是个重度拖延症患者，那你可以试试佩里教授的方法——调整自己的任务清单，勇敢地迈出第一步，学会拆解任务，并多和自律的人合作。

在这一讲的结尾，照例给你留个小任务：如果你是拖延症患者,你觉得自己属于哪种拖延类型呢?最让你习惯性拖延的事情是什么?请你针对这件事情写一份任务清单吧!

技能篇

三大方案，放下完美主义

在上一讲，我们介绍了时间管理有一个很大的敌人，那就是拖延症。其实，除了拖延症，时间管理还有一个不可忽视的敌人，那就是完美主义。

乍一看，你可能会觉得有些奇怪。追求完美是好事，凡事要尽心尽力，做到最好，这不是应该鼓励的态度吗？但你要知道，我们的时间和精力是有限的，不能事事追求完美，有些时候你需要放下完美主义的心态，才能兼顾平衡。

我前几天碰到了一位同学，她的故事很有代表性。洛洛是个很有艺术天分的孩子，每次美术作业她总能拿到最高分，还获得过很多美术比赛的奖项。同时，她还是个对自己要求特别高的孩子。有一次，美术课要交一个作品，为求完美，她硬是弄到了凌晨 5 点。虽然作品让她再次拿到了最高分，但熬夜赶作品让她错过了第二天早上的课。

同学们，你们是否有过跟洛洛相似的经历呢？会不会有时候在一件事情上力求完美，从而耽误了其他重要的事情？是不是也总希望每件事都可以做到最好，结果总有事情来不及完成呢？

其实，追求完美、把事情的完成标准定得很高是一件好事。在时间充裕的前提下，努力把每个细节做到最好，是一种令人敬佩的态度。但有的时候，为了追求结果的完美而造成进度拖延，反而会得不偿失。当然，我不是鼓励你降低标准，而是想告诉你，一味地追求完美是不可取的。时间有限时，想把每件事情都做到极致，是不现实的。我们要追求的，其实是"恰到好处的完美主义"，这是我们提倡的努力方向。

今天我要分享给你三个方法，教你怎么在有限的时间内追求"恰到好处的完美主义"。

方法一：红、黄、绿分类法

当你有好几件事情都要完成时，可以用这三种颜色来对不同事情进行标记，这样你就能更好地分配精力。

红色 代表最重要的事情。这些事情，我们不仅要做完，还要做到完美。

黄色 代表比较重要的事情。这些事情要做好，但还是要以"做完"为标准。

绿色 代表次要的、暂时不用做完的事情。

做好分类之后，你可以以此为依据来安排时间，给红色标签的事情预留最多的时间，给绿色标签的事情预留最少的时间。但无论是哪一类别的事情，都要遵守最高指导原则——要在期限内完成。

举个例子：今天放学回家后，你不仅要画完即将参赛的美术作品，还需要完成今天的作业，另外你还想读一会儿课外书。请思考一下，这三件事情分别应该标记哪种颜色呢？

完成参赛作品应该要标上红色，因为作品要拿去参赛，所以必须做到完美；完成今天的作业的话，标上黄色就可以了，做作业的目的是巩固知识，所以完成是最重要的标准，不需要漂亮得像艺术作品一样；至于读课外书——很显然，它应被标成绿色，就算今天不读课外书，也没关系。

如此一来，你就可以合理地分配自己的精力了。

方法二：倒推法

当完成一件事情需要多个步骤、费时较多的时候，你可以运用倒推法来拆解步骤。

下面我就以完成一件参赛作品（海报）为例，告诉你如何具体运用这个方法。请你拿出一张白纸，跟着我一起，一步步完成。

第一步

写下某件重要的事情的截止时间和准备开始做这件事情的时间。比如,你要在下周一上交参赛作品,你计划从今天下午开始做这件作品。

第二步

开始倒推——从截止日往前推,算一下自己有多少时间能够用来做这件事。例如,周一至周五你只能利用放学后的时间,而周六、周日则全天都可以利用。

第三步

从截止日倒推填入自己要完成的步骤。比如,如果下周一要交作品,从今天到下周一你有多少个步骤要完成?每一个步骤大约需要多少时间?按步骤进行的顺序与所需时间填写即可。

如此一来,在一张表上我们就能列出所有步骤以及时间分配。这可以作为一种自我提醒,避免自己在某个步骤耽误太久。如果你延迟完成其中一个步骤,接下来的每一个步骤就都会受到影响,最后可能导致无法按时完成作品。

追求完美的同学，最大的问题在于缺乏"期限感"。所以，当你填好上述的时间推算表之后，你可以找一位同学来担任期限管理员，让他（她）提醒你时间。当然，你也可以给自己设置闹钟，提醒自己什么时候该进行下一步。大家需要清楚一点，期限是一种规则，在期限到来之前，理应尽力做到最好，但是，该结束时就要结束。

时间推算表

时间	时长	任务
周一 16：00	30分钟	构思并确定海报主题
周二 16：00	1小时	查找与海报主题有关的资料
周三 16：00	30分钟	购买制作海报所需的材料（纸、彩笔、贴纸等）
周四 16：00	2小时	设计海报草图
周五 16：00	2小时	根据查阅的资料，构思海报的文字部分
周六 14：00	1小时	在海报上完成文字部分
周日 14：00	2小时	完成海报的绘图
下周一 12：00	1小时	进行最后的修改和调整
下周一 16：00	—	提交海报

方法三：分工合作法

这个方法适用于完成小组任务。采用这一方法可以使小组的工作效率有所提高。

在有限的时间里，一个人是没办法兼顾太多事情的，更何况是要把每件事情都做到最好。团队合作的目的，就是让每个人都有机会参与，让每个人都可以发挥自己的才华，让团队更高效地完成任务。

有的时候，负责某一环节的同学可能不如你做得好，追求完美的你，心里难免会不满，偶尔忍不住就会指责这位同学几句。想想看，这样做会导致什么后果呢？被责怪的同学肯定会很难过，以至于没有心情投入到工作中去，最后可能会导致整个任务都完不成。遇到这种情况，你可以暂时放下心中的完美主义情结，把自己负责的部分做好之后，再向别人友善地提出改进建议。

只有每个人都积极投入，才能确保时间足够充裕，确保任务按时完成。当任务完成后，如果你们还有时间，可以再继续完善。但如果一开始就因为抱着完美主义的心态，卡在一个环节僵持不下，那结果可想而知。

总结

以上就是这一讲我要与你分享的内容，我们来总结一下：

其实，做事追求完美是一种积极的态度，但时间有限时，你需要全面地看待事情的结果，不要过分追求完美。你应该追求的，其实是恰到好处的完美主义。我向你介绍了三种方法：第一种是用红、黄、绿三种颜色将事情分类；第二种是采用倒推法拆解任务；第三种则是与团队成员分工合作。

最后，给你留一个小任务：采用倒推法，拆解你近期要完成的一项任务。

> 技能篇

四大策略，打击分心大作战

这一讲我们要聊的话题和专注力有关。

不知道你是否有过这样的经历：

在教室里听课还不到 1 分钟，你的思绪就被操场上传来的一阵欢呼声所吸引，于是浮想联翩，你想着自己下课后也要到篮球场上挥洒一把热血。

再比如，每天晚上做作业，一听到客厅传来的电视声，你就恨不得代入剧情当起主角。好不容易回过神来，又看到同学借给你的小说，你拿过来一翻，作业不知不觉就被你抛到了九霄云外。

你总是因为这样的情况受到老师或者父母的指责，但你自己觉得很冤枉。或许在别人看来，这没什么冤枉的，但是，我倒是特别理解你。这一讲，我们就来聊聊"分心"这一话题，以及怎样才能让你不容易分心。

为了解决分心的问题，我们首先要知道人为什么会分心。在我们的大脑中，注意力是怎么工作的呢？

事实上，我们大脑中有一个注意力系统，这个系统又分为三层网络，每一层负责不同的注意力状态。

警觉网络：它负责将大脑调到一个警觉状态。在这个状态下，你会对外界的事物非常敏感，只要有一点动静，你就会被吸引过去。

定向网络：它负责注意力的转移，帮你把注意力从原来的对象上转移到新的对象上去。也就是说，原本你在做某件事情，突然你的注意力被吸引到了另一件事情上，而这个转变就是定向网络帮助你实现的。

执行网络：它负责将你的注意力聚焦在一个对象上，屏蔽其他不相关的信息。无论处于多么嘈杂的环境中，你都可以高度专注地做一件事情，这正是执行网络帮助你实现的。

这三个网络分工合作，帮我们实现了注意力的"收"和"放"。

但是，心理学家注意到了一个非常有趣的现象：警觉网络和执行网络会打架。什么意思呢？就是说高度警觉和高度专注是一对冤家，你不可能同时高度警觉，又高度专注。而且，想要保持长时间的专注，是很难的。执行网络就像是需要一块电池来供电一样，每用一段时间就需要停下来，充充电，不然就会越来越疲惫，根本没办法集中注意力。

说到这里，你可以回忆一下：自己平时做作业时是不是也会有这样的状态？刚开始的时候，你很专注，此时你的执行网络在起作用，会帮你屏蔽掉干扰的信息。但过了一段时间后，你的执行网络作用开始减弱，警觉网络就有机可乘。你会开始留意外部的动静，门外走路的脚步声、同桌翻书的声音、腰酸背疼的感觉等，都会涌向你的注意力系统，这时候，你就开始分心了。

现在，我们已经了解了注意力系统的工作原理了。接下来，我要告诉你四个提升专注力的方法，希望可以帮到你。

方法一：清除外界干扰

刚才我们讲到，分心和外界的干扰因素息息相关，所以，你要有意识地为自己营造一个清静的学习环境。比如，如果你在家做作业时，经常能听到家人看电视的声音，那么你就可以关上房门，或者干脆去图书馆，换一个环境。而开始做作业前，你也要把自己的书桌先收拾干净，把不需要用到的东西都清理掉，这样才能减少分心的概率。

方法二：摸清你的黄金学习时间

人的注意力水平，在一天24小时里是会波动的。有的时候，你会觉得集中注意力并非难事，但也有些时候，你会感觉很容易分神。我们可以通过对自己一天的学习状态进行观察与记录，找到自己的黄金学习时间。你可以有意识地将自己的学习状态和成果都记录下来，包括学习地点、时间、内容以及专注的时长。一天下来，通过回想盘问自己：今天哪个时间段我的学习状态最好？如果你察觉到早上学习状态最佳、学习效率最高，而晚上注意力集中情况比较差，那你可以调整一下学习节奏，尽量将知识在早上的课堂上消化掉，并且抽时间完成课后习题，这样一来就不需要在晚上花大量精力学习了。将最重要的学习任务安排在你觉得效率最高的黄金时间段，就能最大限度地提升自己的专注力。

方法三：逐步延长专注时间

我们都知道，要大脑长时间保持专注是不太现实的，一开始我们不用强迫自己长时间专注，不妨先从"专注15分钟"开始。

你可以找一个有倒计时功能的闹钟，设定15分钟倒计时，然后专注地做一件事，闹钟响后，无论结果如何，都要暂时停下来，休息1分钟。当你习惯了在15分钟内高效完成任务后，可以再慢慢延长为 25 分钟、35 分钟、45 分钟……坚持练习，就可以不再被分心打败。

方法四：正面激励和放松

这是很重要的一点，很多遭受分心困扰的同学会强迫自己专注，如果做不到就十分自责，使自己陷入负面情绪，而不好的情绪又会进一步阻碍专注。其实，遇到自己难以专注的情况时，最好的方式不是责怪自己，而是对自己给予正面的肯定。

比如，不要对自己说"我怎么又浪费了这么多时间"，而要说"我又集中精力完成了一个小任务，很棒"；不要说"我要努力把工作做完，做不完我就不休息"，而要说"再工作 15 分钟，我就可以休息 5 分钟了"，让大脑得以放松。

提升专注力不是这么容易的事情，要一步步来。最重要的是，在这个过程中要感受到成就感和愉悦感，切忌操之过急，否则就适得其反了。

总结

这一讲的内容就到这里了,我们来总结一下:分心更多是出于生理上的原因,打击分心,我们不能反大脑而行之。我们要注意观察并记录干扰源,学习前先清除掉它们;要摸清自己的注意力在一天中的波动,顺势而为;可以将时间分割成碎片,逐步延长专注时间;当然,最重要的是,要给予自己正面激励,学会放松,循序渐进方可更好地打击分心。

最后给你留一个小任务:用一个月的时间,试着用以上方法提升自己的专注力,并每天记录自己的改变,你也许会发现不一样的惊喜。

> 技能篇

四大类型，对抗混乱大作战

这一讲正式开始之前，我想先与你分享一个故事：

小艾在上学期间，每天早上 7 点起床。为了要在 8 点前赶到学校，她必须在 7 点半之前出门。但是，她总是会在快出门的时候，突然发现自己有东西还没有装进书包，于是只好又回到房间里去找。

"红领巾带了吗？"

"钥匙带了吗？"

"交通卡带了吗？"

出门前,妈妈随口提醒的话语,就能让小艾手忙脚乱地翻箱倒柜。有的时候花几分钟找到了,有的时候则是彻底忘记东西放在哪里了,匆匆忙忙地找到这个,又忘了带那个,还经常因为找东西延误出门的时间,结果上学总是迟到。

同学们,你是否有过跟小艾相似的经历呢?

其实,"找东西"这件事情,是个非常狡猾的"时间小偷"。每一次找东西的时间可能也就是3分钟、5分钟,但如果你把这些零碎的时间全部加到一起,恐怕就是相当可观的一个数字。而之所以出现找不到东西的情况,就是因为平时没有做好整理和收纳的工作。

设想一下,如果你的常用文具平时用完都不收拾,那

么你做作业的时候，很有可能一会儿要找支铅笔，一会儿又要找把尺子，根本不能静下心来做题。再比如，书包里的学习用品没有每天收拾，在某一天考试的时候，突然发现圆规没有带，只好慌慌张张地问老师借，有这工夫，答题快的同学已经做了3道选择题了。

可见，个人物品随处乱放的恶习，会降低你的做事效率。不仅如此，这种混乱的状态还会让你无法守时，原本制订好的计划也容易延后。

平时没有养成良好的习惯，关键时刻就容易掉链子。用完的东西放回原处，定期整理个人物品，这些都是需要你花时间去完成的日常功课。如果平时偷懒，那么到了出问题的时候，你就要花更多时间去补救，不仅耽误事情，还会使你总是处于一种忙碌又慌乱的状态，低效又疲惫。

我们常说的节省时间，不是说平时不做与整理相关的事情，从而换来更多玩和休息的时间，而是要避免把宝贵的时间浪费在不重要的事情上，让时间安排可以更有余裕。

我们应该如何改掉随手乱放的习惯呢?

想要改掉这种不好的生活习惯并不是一件容易的事情，接下来，我就要帮你好好分析一下。

首先你要找对"病因"。导致混乱的原因是多种多样的，不同性格的人也会出现不同的混乱状况，只有找对"病因"，才能对症下药。

接下来我会给大家列出四种类型的"病因"，以及相应的解决办法。同学们认真想一想，自己属于哪一种类型。

第一种：无感型

用完的东西会随手放在一边，完全没有意识到要放回原位；房间乱了，东西找不到了，也不会意识到是自己不好的习惯导致的。

那么，应该如何唤醒主动整理的意识呢？

首先，你需要专门找一个周末，跟爸爸妈妈一起整理一次房间。把整理之前、整理之后的房间都用手机拍下来，把这两张照片贴在屋里显眼的位置，时刻提醒自己：每次用完东西，我都要把它放回原位。

其次，你最好每隔一段固定的时间，比如 1 周或者 1 个月，就对照这两张照片重新审视一下自己的房间，看看是否需要重新整理。久而久之，你就会养成良好的习惯。

第二种：逃避型

明明知道自己的生活环境很乱，但就是不喜欢收拾，总是找各种借口逃避。

想要停止逃避，最好的办法就是马上行动起来。

你可能是怕麻烦的人，所以不要刚开始收拾就想着要大动干戈、彻底清理，而是要选择从最容易收拾的地方开始收拾。比如，如果想要整理房间，可以先从书桌、床铺、书柜等地方中选择一个，先把它整理好，然后再去整理下一个地方。这样一点一点整理,你会发现,其实整理一个房间并没有想象中那么可怕。

第三种:敷衍型

意思就是,会收拾东西,但是收拾得不够彻底。表面看起来很整洁,所有东西都放在了抽屉里,一旦打开抽屉,就是另一个世界了。

对于这一类型的同学,我要教你两个整理的诀窍:

做好分类。不要把所有物品全部胡乱地塞进抽屉或者箱子里,而是要先分门别类,再一一归置。你可以给每一个类别的东西划定一个固定的区域,这样收拾起来就会更加迅速,更有条理。

做到"断舍离"。要有勇气把那些留着没用,但是又不舍得扔的东西全部清理掉。比如玩具的包装盒、空的饮料瓶,又或者是生日礼物上拆下来的丝带,等等。只要是 3 个月以上没有用过的物品,都要好好考虑一下,是否仍有留下的必要。做完"断舍离",你会发现房间里的东西少了很多。这样,收纳整理的工作也就变得更轻松了。

第四种:问题重重型

这类同学的"症状"可以说是前三类"症状"的融合:用完东西就随手乱放;就算房间已经乱成一锅粥了,仍然不愿意花时间整理;即便勉为其难地整理了,也只是随便敷衍一下。总而言之就是长时间无法根治,已经"病入膏肓"了。

对于这类同学来说,混乱的根源不是立马就能寻找到的,如果你是这类同学,我建议你和爸爸妈妈坐下来好好聊一聊,从你每天的作息入手进行分析,列出一个详细的"坏毛病清单",逐一改正。

当然,想要真正改掉一个习惯,至少需要连续 21 天的时间。因此,你要每天记录自己的表现,不断自我监督、自我反省。这里我要介绍给你一个工具,叫作"每日生活改善表"。

每日生活改善表

目标	完成	未完成	自己的评语
	🚩		❀
		☆	

怎么使用这个表格呢？

　　首先，在第一栏"目标"这里，写下你要养成的好习惯。其次，在第二、三栏的完成情况中标记你的实际表现，可以用贴纸或者印章。最后，在"自己的评语"一栏中，简述一下自己完成的情况。

你可以在每天睡觉之前，反思自己当天的表现，给自己写段评语，同时制作第二天的表格，制定第二天的目标。

总结

养成整理、收纳的习惯，能够帮你节省时间，让你做事更有效率。希望你对照自己的情况，立即行动起来。比如，3天之内，重新整理你的书桌或房间，将你的书包整理好，重要物品放在固定的位置，等等。

最后留一道思考题：你觉得日常生活中，还有哪些"时间小偷"在悄悄偷走你的时间呢？你该怎么对付它们呢？

实战篇
放学后：灵活分段，完成任务

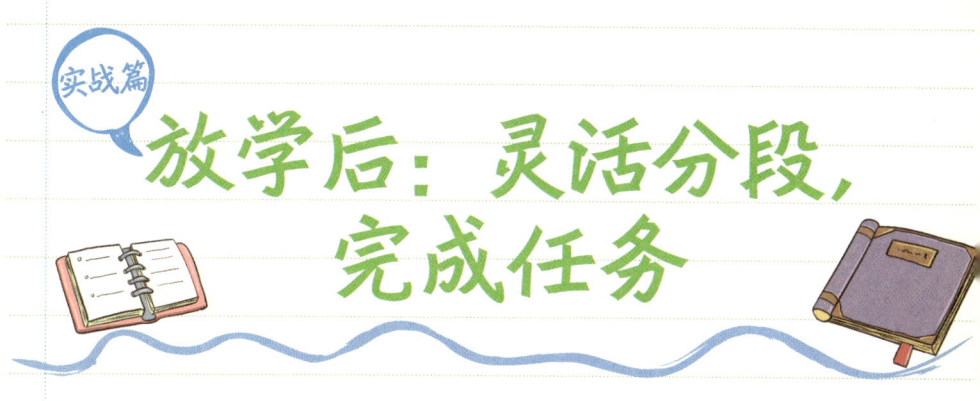

在这一讲正式开始之前，我想问问各位同学：

一天的课程结束之后，你会怎么安排放学后的时间呢？

有同学会觉得，学习了一整天已经很累了，放学后当然是要好好玩耍啦。也有同学会说，要利用好课后的时间，一放学就拼命做作业，要赶在晚饭前把作业都做完。在这两种截然不同的态度中，到底哪一种才是对的呢？

这一讲，我们来说说使用放学后时间的正确方式。

同学们可以画一张表格，记录一下自己周一到周五每一天的作息时间。你会发现，在繁忙的日常学习中，放学后的时间是最适合自主学习的黄金时段。为什么这么说呢？我们来分析一下。

从放学后到睡觉前，这是一个相对完整的时间段。这就意味着你有充分的自主权去支配时间，除了完成作业，你还可以用它来完成一些零碎时间做不完的任务。

那到底要怎么去支配这段时间，才是合理的呢？有同学表示，为了趁热打铁，自己一放学就拼命做作业，直到做完为止，这样就可以用剩下的时间去做自己想做的事情。这种方式是否可取呢？

事实上，这种方式我们并不提倡。为什么呢？这就要说到我们的专注力了。人的专注力像游戏里面人物的血条一样，是会被消耗掉的，但是可以通过休息来进行恢复。如果一直不停歇地做事情，那么做事的效率和质量，都会

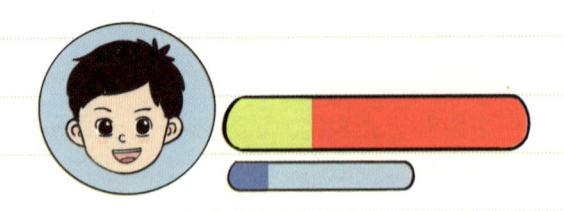

随着专注力的下降而逐渐变差,只有在"回血"之后才能更加专注地完成任务。

教育专家发现,一般小学生的注意力能够维持半小时的高度集中,之后就会开始下降。这也就是为什么平时上课的时间一般都在 40 分钟左右,还要安排课间休息。因此,在你自己安排课后时间的时候,也要注意劳逸结合,不能过度消耗自己的精力。

要正确使用放学后的时间,首先要学会分段。

如果要把一大块生日蛋糕分给好多个人,那么你要根据每个人的喜好和胃口的大小来分蛋糕,才能让每个人都开心。给时间分段也是同理,你要做的事情很多,但是分配给每件事情的时间也要讲究长短和顺序。

那具体该如何分段呢？可以分成几段，要怎么安排先后顺序呢？

一般来说，我们可以把周一到周五每天放学后的时间分成四大段来用：自由活动、复习、做作业和课外阅读。

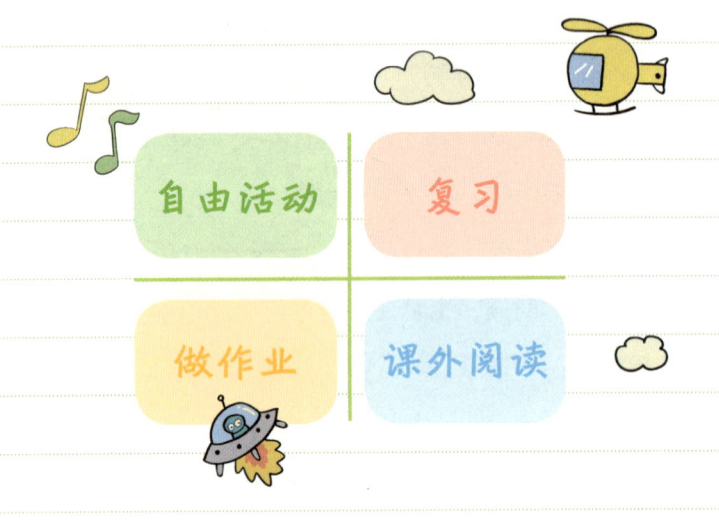

自由活动	复习
做作业	课外阅读

每天放学后这样分段利用时间，就可以做到劳逸结合，既有适当的放松，又能保证每一天的学习状态达到最佳。

第一段时间是"自由活动时间"。放学之后回到家，爸爸妈妈还没做好饭，你可以在这段时间里，做一些自己喜欢的事情，比如，看电视、上网、下棋、运动等，这些都是可以的。在学校学习一天已经很累了，而且由于饥饿，大脑转动的速度也会变慢，继续学习只会事倍功半。因此，在晚饭之前划出一段固定的时间尽情地放松是十分有必要的。

和家人用过餐后，相信你的状态已经有所调整，这个时候，你要迅速投入到学习中。如果对你而言，抵挡住各种诱惑去学习有困难，你不妨对自己说："迅速完成作业，挤出富余时间，就可以奖励自己好好玩耍了。"如果你这样想，相信你一定能愉快很多。当习惯成自然后，你必然会变得更加自律。

当你迅速投入学习之后，是不是应该立马开始写作业呢？有的同学一坐在书桌边就拿出作业本，马上开始写第一题。这样的同学很有可能写到一半就会发现，如果遇到新学的、不熟悉的知识点，自己就要翻课本、看笔记，这反而会拖慢写作业的进度。我们应当如何解决这个问题呢？

其实，在开始下笔之前，应该先有一个准备的环节，你需要先对照课本和课堂笔记，回顾一下当天所学内容。

因此，在正式写作业之前，你可以划定一段时间进行复习，这样做可以让你的大脑先重温一遍知识点，以便迅速进入状态。如果今晚不巩固复习，那么明早醒来，你可能会将今天所学内容遗忘 50%。

复习完之后，就要进入正式的作业时间了。这是四大段时间中最重要也是最长的一段。要高效地利用这段时间有一个诀窍，那便是要有"节奏"。意思是说，不要把所有作业一股脑儿写完，而是要像唱歌一样，歌词有长有短，歌词与歌词之间也要有节奏地换气，而写作业也是同理。

所以，你可以和爸爸妈妈一起，先简单评估一下每一项作业的难易程度，再给每一项作业规定一个完成的时间，难的可以长一些，但是不能没有期限。这样做可以帮你把"完成所有作业"的大目标分割成几个小目标，以此提高你的效率。此外，每写完一项作业，你都可以适当地休息一会儿，让你的大脑及时得到放松。

当你终于很有成就感地完成所有作业后,如果还剩下时间,我建议你把这些时间用于阅读。

许多同学总是抱怨自己平时没有时间积累写作素材,拓展课外知识,其实,你不是没有时间,而是没有在每天的时间表里专门安排这样一段时间。在完成所有作业之后,你可以给自己每天安排 15 分钟的课外阅读,可以选择一些简短、有意思的文章来阅读。把阅读视为睡前项目,既能增加你的阅读量,又能帮助你静下心来,伴随着生动有趣的故事进入梦乡,收获更高质量的睡眠。

总结

讲到这里,四大段时间分配法已讲完了,我们再来复习一遍:

第一,放学回家后,你在吃晚饭前可以自由活动,做自己喜欢的事情,让自己充分地放松、休息。

第二,晚饭之后,迅速收心,投入到学习之中。

写作业之前，先复习今天学了哪些内容，这样做能够帮助你更好地完成当日的作业。

第三，在做作业的时候，掌握好节奏，先易后难。

第四，留一段安静的时光阅读自己喜欢的书籍，安稳地做个好梦。

想要学会做自己时间的主人，今天放学之后，你就可以按照这种时间分配方法行动起来。一开始你可能会很不适应，但是只要坚持一段时间，就会慢慢看到自己的改变。

> 实战篇

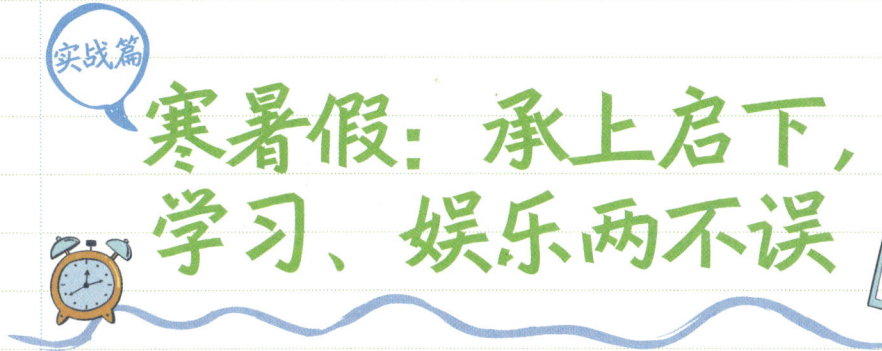

寒暑假：承上启下，学习、娱乐两不误

每年的寒暑假来临之际，同学们一定有喜又有忧。喜的是，好像终于有时间休息了，不用再紧绷着一根弦；忧的呢，则是担心假期比上学还忙。例如，还没放假，各个学科的老师就已经布置了一大堆寒暑假作业，学校还要求学生参加假期社会实践活动。当然啦，可能还少不了国内外的夏令营、冬令营等。

要怎么利用寒暑假的时间，才能既玩得开心，又学得充实呢？

今天我们就来聊聊这个话题。

你知道吗，一年的寒暑假加在一起大约有12周，算下来是84天左右。可以说，在寒暑假，你就是时间的富翁。

面对这笔突如其来的财富,有些同学选择肆意挥霍,每天吃喝玩乐、昏睡无度,认为假期就是要放飞自我。美国一项研究表明,学生会在暑假期间慢慢遗忘掉他们之前学习的内容,开学以后,通常需要花4~6个星期才能补回这些知识。累积下来,你会比假期坚持学习的同学落后不少,这种现象被称为"假期滑坡",所以,寒暑假还是不能松懈。

其实,寒暑假为同学们的脑力和体力提供了一个休整、过渡的好机会。我们在语文学习中,总会接触到这样的段落,它们紧紧承接上文,还能引出下文所要讲的内容,我们把它们称为"过渡段",作用是承上启下。而我们的寒暑假,其作用和"过渡段"类似,也起着承上启下的作用。例如,放暑假之前,我们是三年级,而暑假结束后,我们就升级为四年级了。所以,在寒暑假中,我们很关键的任务就是做好承上启下的工作。

接下来我就给出几点建议，希望可以帮助同学们在寒暑假做好承上启下工作。

"承上"：夯实基础

第一点：有计划地完成假期作业

一些同学会在假期前几天足不出户专心做作业，一旦完成作业就和学习划清界限，不再碰课本。开学之后，握笔都有些生疏，也进入不了学习状态。另一些同学呢，则是一放假就把作业抛到了脑后，临近开学的时候，才快马加鞭地赶作业，字迹潦草，质量也全无。

老师布置假期作业其实就是为了防止"假期滑坡"的出现，而以上两种情况都违背了这一初衷。我们提倡的做法是，每天完成一定量的作业。你应该根据作业总量以及假期的长短，估算出自己每天应该完成的作业量，并把这个量固定下来。例如，你的寒假作业是：完成60页的《寒假生活》，写10篇日记，做3000道口算题。由于寒假是35天左右，你就可以给自己制订这样的计划：每天做2页《寒假生活》、100道口算题，每三天写一篇日记。你还应该把每天做作业的时间固定下来，可以是上午、下午，也可以是晚上，剩余的时间再安排其他活动。这样开学后，你会很快恢复之前的学习状态。

下面的表格供你参考。

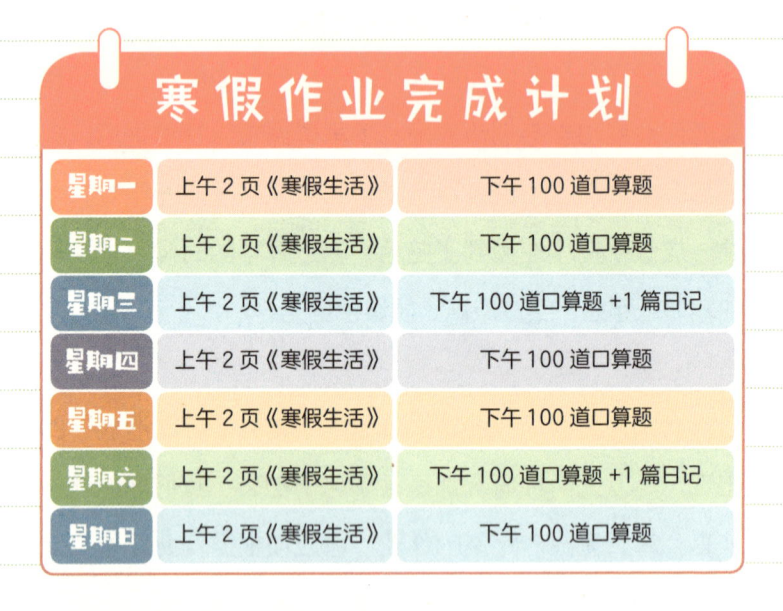

寒假作业完成计划

星期一	上午2页《寒假生活》	下午100道口算题
星期二	上午2页《寒假生活》	下午100道口算题
星期三	上午2页《寒假生活》	下午100道口算题+1篇日记
星期四	上午2页《寒假生活》	下午100道口算题
星期五	上午2页《寒假生活》	下午100道口算题
星期六	上午2页《寒假生活》	下午100道口算题+1篇日记
星期日	上午2页《寒假生活》	下午100道口算题

第二点：整理学期知识点

虽然上学期的知识你都学过，也通过了考试，但这并不代表你已经完全掌握了这些知识。很多学习专家发现，学习能力强的人，不是胜在他们学了多少知识，而是胜在他们能将这些知识建成一个知识网络，并因此能够融会贯通。小学阶段的知识是由浅入深，且具有很强系统性的，但单个学期学习的只是零散的知识点，如果你不注意构建知识的整体网络，将不利于以后初中、高中的学习，特别是数学和英语。那我们可以怎么做呢？

首先参照上课所做的笔记通读一遍课本，使用思维导图将课本中的知识点按照层级逐一写在纸上，这时，整个学期的知识点就一目了然了。记住，这张纸一定要保存好，因为每个学期的知识点梳理都可以在原有基础上补充。如果你把一到六年级的核心知识点都梳理到了纸上，那么这些纸就是你最基础的知识网络，很快你就能够站在更高的层面理解你所学到的知识，活学活用，而不只是停留在皮毛上。

整理完成后，再对你列出的每个知识点进行浏览，对于已经熟记于心的知识点你可以一眼掠过，而那些掌握不牢固或者存在疑问的知识点则需要你画出来，再复习一遍。另外，以前作业本和试卷中的错题也要再整理一遍。毕竟，之所以会出现错误，很可能是因为你对这个知识点掌握得还不牢固。

"启下"：铸造良好开端

有的同学可能会认为，"承上"是复习，那"启下"就是预习喽？这话虽然也没错，但我觉得更重要的是打好能力基础。

第一点：打好能力基础

这是"启下"的第一个关键点。我们在学校学习的主要是记忆性的知识，如历史事件、数学公式、科学概念等，但很少有机会去提升自己的探索、思考、批判、创造等能力，而寒暑假就是一个提升此类能力的大好时机。

我非常建议同学们在假期外出走一走，多和社会以及大自然接触，可以参加主题夏令营/冬令营，或者和爸爸妈妈一起外出旅游。如果你和爸爸妈妈一起外出旅游，那我有个要求，这次旅游必须由你来组织，包括行程规划、交通工具、费用预算等。在这个过程中，你会有很多收获。比如，你会了解到这个社会是如何运作的，尝试学习如何合理开支，还能和社会上不同的人打交道，等等。这些都是你在书本上学不到的，而这些能力在一定程度上可以反过来促进你对书本知识的理解。我说的"启下"，不仅仅是开启下一个学期、下一个年级，而是做好终生学习的准备。当你拥有了探索世界的能力后，你的世界就不再局限于书本了。

第二点：坚持阅读

前面提到的有关"假期滑坡"的研究还指出，在暑假同学们除了会忘掉大量知识以外，还会忘掉阅读。对同学们来说，每天坚持阅读可能并不是一件容易的事情，所以我要给你介绍一种非常有趣的阅读方式，叫"阅读宾果"（Reading Bingo）。我们可以看到下面的图片中有很多的格子，并且每个格子里写着不同的阅读任务。"阅读宾果"的规则是，每完成一个阅读任务，就在这个格子里画 ×，只要 × 在任意方向（横、竖、对角）连成线，就算获胜。

Reading Bingo
阅读宾果

Read a story to an adult 为大人念个故事听	Read in a comfy spot 在一个舒服的地方读书	Read a play aloud with friends 和朋友们一起朗读一个剧本	Read a book that a friend recommends 阅读朋友推荐的一本书	Read your favorite book 读你最喜欢的一本书
Read a biography 读一本人物传记	Read a story you wrote to your parents 向你的父母朗读一个你写的故事	Tell a joke you read in a book 讲一个你从书中读到的笑话	Read in a pillow fort 在枕头堆起来的基地里阅读	Read a magazine article 阅读一篇杂志上的文章
Read a book by your favorite author 读你最喜欢的作者的一本书	Read to a stuffed animal (or a real one) 读给你的毛绒玩具（或宠物）听	FREE SPACE 自由空间	Read the rules for a game 读一个游戏的规则	Read outside 在户外阅读
Read a book which didn't attract you before 读一本自己过去并不喜欢的书	Write down three things you learned from a book 写下三条你从书中学到的知识	Write a review of a book you've read 为你刚刚读的一本书写一段书评	Read with a glass of milk 边喝牛奶边读书	Read a book you got at the library 读一本从图书馆借来的书
Read one book in a series 读一套书中的一本	Read a fairy tale to a little kid 为小朋友读一篇童话故事	Read a lovely story 读一个可爱有趣的故事	Read in a park nearby 在附近的公园读书	Retell a story you read in your own words 用自己的话复述你读过的一个故事

从上面的表格可以看到，想要实现"宾果胜利"，可不仅仅是"多读书"这么简单。这些任务对图书的类别、篇幅、阅读方式等提出了五花八门的要求，对你的复述能力、写作能力等也提出了一定的要求。当然，"阅读宾果"的任务可以自由发挥，你可以和你的兄弟姐妹、同学或者是父母比赛，看最后谁能赢得这个游戏。

总结

以上就是我给大家的建议，我们来总结一下吧：寒暑假是脑力和体力的休整期，我们要做好承上启下的工作。"承上"有两个关键点：有计划地完成假期作业、整理学期知识点。"启下"也有两个关键点：打好能力基础、坚持阅读。

最后，给你留个小任务：请你按照我的建议，制作一张你即将来临的寒假或暑假的时间表吧！

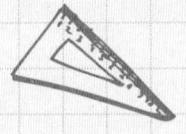

第 ③ 章

藤校自我领导力

如何跟着物理学家霍金学交友？

这一讲的主题是"如何跟着物理学家霍金学交友"。

你想过吗，怎样的朋友才是值得一生交往的好朋友？怎样才能交到这样的朋友呢？

在这方面，我们可以向物理学家霍金学习。因为著名的黑洞理论和《时间简史》一书，霍金成了家喻户晓的科学家。他的故事在前几年还被拍成了传记电影，名字叫《万物理论》。如果你看过这部电影，我相信除了霍金的成就外，令你印象深刻的还有他的幽默、坦诚，

广泛的兴趣爱好，以及他与几位挚友的友谊。我总结了几条"霍金交友原则"，或者也可称之为"霍金交友秘籍"，现在就和你一一分享。

秘籍一：坦诚的争论可以让友情升华

霍金说过这样一句话："我有六七个亲密的朋友，我们经常长时间地讨论或争吵，涉及的方面从无线电遥控模型到宗教信仰，无所不谈。我们还曾经讨论过宇宙的起源。"这便是霍金最重要的交友原则。简单来说就是：人一定要有几个志同道合的朋友，有着共同的爱好，但不必要求对方服从于自己，而是可以争个面红耳赤。

秘籍二：要遵守约定，也要勇于承认错误

霍金是个"科学赌徒"，他很喜欢和人打赌，也喜欢看别人打赌。12岁的时候，他的两个朋友打赌，其中一人赌霍金将一辈子一事无成，另一个人则赌霍金以后会功成名就。成名之后，有一次霍金半开玩笑地说："我不知道这个赌约是否已经结束，如果没有的话，胜负已经很明

显了。"

霍金和美国物理学家普瑞斯基尔是好朋友。20年前，他们打过一次赌：霍金表示，所有进入黑洞的信息都会被毁灭，而普瑞斯基尔认为不会被毁灭。双方都坚信自己的想法是正确的。可爱的霍金说："咱们打个赌吧，如果我输了，我就把我的那本《棒球百科辞典》作为礼物送给你！"要知道，这本《棒球百科辞典》可不一般，一来，它是霍金的挚爱，二来，物理学家们常拿棒球来比喻黑洞，所以这个赌注很有意义。

这一次打赌的结果是，霍金输了。他虽然心疼自己的《棒球百科辞典》，却也坚定且开心地表示自己愿赌服输。

此外，霍金还有一位"死对头"好友，名字叫希格斯。什么，死对头也能成为好朋友？没错，死对头有时候能相互刺激，共同进步。希格斯因为声称自己发现了"上帝粒子"而举世闻名，而霍金是少数怀疑该粒子是否存在的科学家之一。霍金曾打赌说，自己愿意掏100美元，赌"上帝粒子"并不存在。结果在2012年欧洲核研究组织成功地证明了"上帝粒子"的存在，霍金又输了，而希格斯则在 2013 年获得了诺贝尔物理学奖。

事实上，在 2012 年，也就是希格斯获奖的前一年，霍金在接受媒体采访时曾非常严肃地表示："希格斯应该获得诺贝尔物理学奖。"你看，霍金其实并不在乎输赢，相反，他只是在享受和"死对头"进行科学探索的过程。他和朋友赌过无数次，尽管常输，但从来都是乐呵呵的，而且他总能遵守约定，愿赌服输。

秘籍三：要热爱生活，积极乐观地活在当下

乐观这一点就不必多说了，霍金是公认的幽默感极强的"明星"。他总在寻找一些幽默的东西，为自己的生命增添色彩。你看过《辛普森一家》吗？有没有发现，霍金的动画版形象出现在其中？另外，如果你看过《生活大爆炸》，是不是也觉得霍金本人登场的镜头非常惊艳？是的，他非常热爱生活，喜欢跨界，甚至和英国大神级的摇滚乐团 Pink Floyd 合作录制过专辑，和贝克汉姆也是忘年交。他积极乐观的生活态度感染了很多人。

说到这里，大家千万不要以为只有兴趣广泛的人才能交到好朋友，或只有多才多艺才能讨人喜欢。恰恰相反，真正的交友，不是去讨好朋友，而是赢得对彼此的尊重。贝克汉姆曾介绍自己的大儿子布鲁克林认识霍金，叮嘱他向前辈学习，不但要向他学习知识，更要学他做人做事的方法和幽默乐观的生活态度。

我读过一本美国的畅销书，叫《百万富翁的想法》。在书中，作者调查采访了许多成功人士，发现这些人共同的特点之一是，他们每个人都有几位人生挚友。可想而知，每个人都需要几位人生挚友，真正的朋友对我们的一生有着重要的意义。同学们，你们也想拥有几位这样的朋友吗？不妨多向霍金学习交友的秘诀吧！

总结

这一讲，我们讨论了如何交朋友，以及怎样交往才能收获真正的好朋友。我和你分享了科学家霍金交友的三条原则：

第一，坦诚的争论可以让友情升华；

第二，要遵守约定，也要勇于承认错误；

第三，要热爱生活，积极乐观地活在当下。

请你思考一下：你最好的朋友是谁？他或她身上的什么品格最值得你学习？

如何像村上春树一样养成好习惯？

这一讲的主题是"如何像村上春树一样养成好习惯"。

热爱阅读的你，有没有想象过作家的生活是什么样的呢？

你可能会觉得他们总是天马行空，脑洞大开，应该过得很随心所欲吧？然而出人意料的是，大部分作家、音乐家、艺术家等从事创意型工作的人，都养成了规律生活的好习惯。

美国记者梅森·柯瑞研究了161位知名作家、艺术家的日常生活习惯，写成了《创作者的日常生活》这本书。他发现，其中三分之一的人都有早起的习惯。比如，美国作家海明威，无论头一天晚上几点睡觉，第二天早上6点一定会准时起床,开始写作;音乐家贝多芬,同样是每天早上 6 点起床,然后吃早餐,精心泡一杯咖啡,6 点半开始作曲。

令我印象最深刻的是村上春树。他是一位非常勤奋又高产的日本作家,30 多年来创作了 13 部长篇小说,而且一直保持高水准,几乎每一部都是畅销作品,其作品被翻译成了 50 多种语言。这样一位成功的作家,你知道他生活得有多规律吗?每天早上 4 点钟起床写作、翻译、跑步,下午 2 点左右就结束工作,晚上 9 点钟准时睡觉。很多记者都想打探村上春树写作的秘诀——"村上老师,您的写作灵感是从哪里来的呢?您是怎么做到让每一部作品都这么成功的呢?"其实,秘诀就藏在他坚持了 35 年的三个习惯里。

到底是哪三个习惯如此神奇呢?现在就为你一一揭晓。

习惯一:坚持每天写作

你可能想不到,大名鼎鼎的作家村上春树是 29 岁才开始写作的。在成为作家之前,他只是一家咖啡馆的小老板,每天忙着开店还债,从来没想过自己还能写小说。1978年4月,一个晴朗的午后,他到家附近的神宫球场去看一场棒球赛,一个人斜躺在场外的草坪上,一边喝着啤酒,一边看球,十分惬意。突然,一个念头从他的脑子里冒了出来:"对了,没准我也能写写小说。"他没有放过这个念头,比赛一结束,他就立刻跑到书店买了稿纸和钢笔。到了深夜,咖啡馆打烊后,他就坐在厨房的饭桌前开始写小说。每天只有天亮之前的那几个小时是他可以自由支配的时间,于是他就这样白天开店,深夜写作,花了差不多半年时间,写出了处女作《且听风吟》。非常幸运的是,他获得了写作新人奖。后来,他索性把咖啡馆关掉了,决定成为一名职业小说家。

在接下来的30多年里,村上春树每天坚持写作。看到这里,你可能会觉得村上很厉害,每天都有很多写作灵感。其实,村上不是因为有灵感才天天写,而是因为在他看来,写作是一种"常规作业",需要保持一定的规律性,就像一把宝剑,你要天天用,才不会让它生锈。

习惯二:坚持每天早起

那该怎样确保自己每天都有固定的产出呢?村上想了一个办法,这也是他养成的第二个习惯——每天早上4点钟起床。

你有试过早上6点钟起床吗?你会发现一大早,人的头脑是最清醒的,而且由于周围非常安静,没有旁人打扰,确实是用来写作的好时间。然而,村上为了写作更加疯狂,每天早上4点钟就起床了。而且,他从来不用闹钟,连续写上五六个小时,到上午10点准时

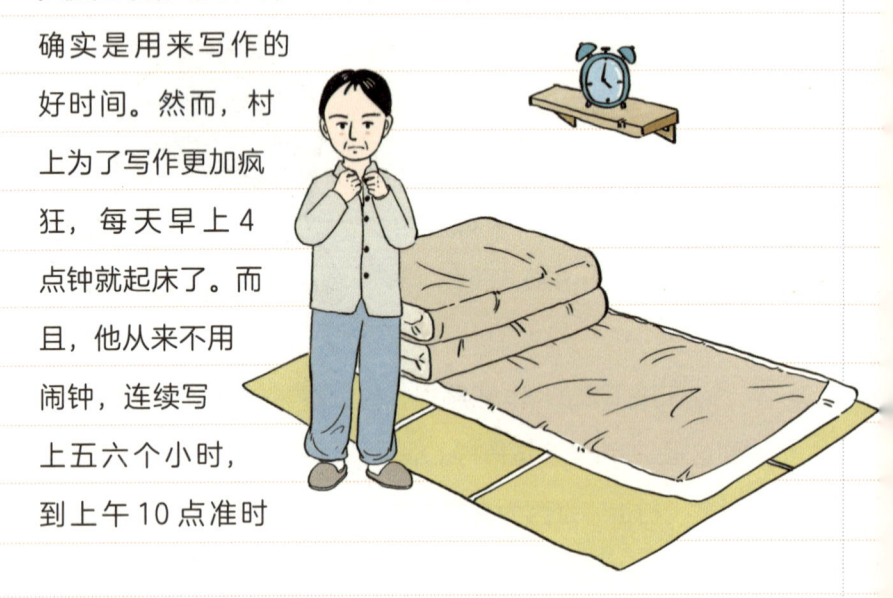

停笔。每天要写多少字呢？村上给自己规定的任务量是每天写10页，每页400字，在村上用的电脑上看就是两屏半，不多也不少，就像上班打卡一样。"写得顺手时就多写，写得不顺手时就不写，这样是产生不了规律性的。即使还想继续写下去，也只写10页；如果今天创作困难，也要鼓足精神写满10页。"每天，村上就是这样鼓励自己坚持早起写作的。

习惯三：坚持每天跑步

刚刚成为专职作家时，村上和其他作家一样，从早到晚趴在桌子上不停地写。为了集中精力，他还抽烟，每天要抽60支，手指都熏成了黄色，浑身上下都散发出一股烟味。更糟糕的是，他的体力开始下降，体重开始增加。村上很快就发现，写作是一项长期的工作，一年365天，天天都要动脑筋写作，这不仅仅是脑力活，还是体力活，所以身体一定要做好准备。于是，他又想到了一个法子——每天跑步。比起踢球、游泳，跑步这项运动算是简单的了，换上跑鞋，出门就能够跑起来。刚开始的时候，村上跑不了太长时间，仅仅跑半小时左右，他就气喘吁吁、心脏狂跳，两条腿都是颤抖的。好在坚持跑了一段时间后，他的身体就积极地接受了跑步这件事，跑步的距离一点点增长，后来一口气能跑上 42 公里，参加马拉松比赛都毫无压力。跑步的习惯让村上的体力得到了恢复，身体变得越来越好，健康的身体支持他写出了一部部受人欢迎的长篇小说。跑步还带给村上一个意外的收获，那就是他成功地戒烟了。

　　每天写作、每天早起、每天跑步，这三个习惯竟坚持了几十年，这无疑颠覆了人们对作家生活的想象——原来作家也需要规律的生活，需要依靠自律才能源源不断地写出好作品啊！但是，为什么普通人养成一个好习惯都很困难，容易半途而废，而村上却能看似轻而易举地养成三个好习惯呢？是因为他天生就善于坚持吗？不，其实他也是一个普通人，他养成三个好习惯最重要的推动力是他渴望成为一名职业小说家的决心——不是为了养成早起的习惯而早起，而是出于对写作的热爱去养成早起的习惯。为了能在写小说这条路上走得更远，他又养成了跑步的习惯，让自己的身体变得更强壮，更有精力去写作。

总结

这一讲，我为你讲述了日本作家村上春树的传奇故事。为了能成为一名优秀的作家，村上春树养成了三个习惯——坚持每天写作，坚持每天早起，坚持每天跑步。

该如何养成这样的好习惯呢？首先，当你想要养成一个好习惯时，不妨先想想这个习惯能够帮助你更好地做成哪些事情，这样一来你就能找到你的动力。其次，不要想着同时养成多个习惯，而是先从一个小习惯开始，养成以后再去带动另一个习惯。你会发现，养成一个习惯也不是那么难。

如何掌握费曼的"终极快速学习法"？

这一讲，我要向你介绍费曼的"终极快速学习法"。

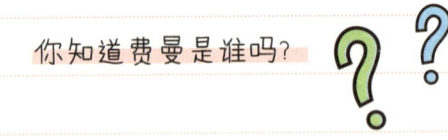

你知道费曼是谁吗?

如果你问科学界人士，20世纪最伟大的科学家是谁。他们一定说是爱因斯坦。

如果你问20世纪第二伟大的科学家是谁，他们会告诉你是理查德·费曼。

理查德·费曼是一名美籍犹太裔物理学家。他对物理学做出了巨大的贡献，曾于1965年获得了诺贝尔物理学奖。然而，他被人记住、受人喜欢，可不仅仅是因为他对科学的推动，更重要的原因是，他这个人实在太可爱、太有趣了！

这里，我讲两个费曼的故事吧。

费曼刚毕业的时候，恰逢经济危机，由于找不到工作，他就去了朋友开的小公司做电镀工人。结果，他发明了一种新的电镀方法，令朋友的公司声名大噪。多年以后，一个英国的电镀公司老板和费曼聊起当时的情况时说："你不知道当时和我们竞争的那家美国公司多厉害！他们肯定有一群出色的化学家！"而事实上，当年的实验室里只有费曼和几个洗烧杯的工人。费曼听后微笑着回答："你正在和他们的首席化学家交谈。"

另一件事也很引人发笑。费曼曾经在自己的车上画满了以自己名字命名的费曼图。有一次，他开车去兜风，结果有人在等红灯时跑过来敲窗，问道："你车上怎么画满了费曼图？"费曼开心地答道："因为我就是费曼啊。"

费曼就是这样一位风趣幽默、带有传奇色彩的科学家。此外，他创造了一种广为流传的学习法——"终极快速学习法"，也被称为"费曼技巧"（Feynman Technique）。你知道吗，有一位麻省理工学院计算机系的学生，只用了一年时间就自学完成了四年要学的33门课程，他用的就是"终极快速学习法"。我们今天就来探讨一下这种学习法，看看它能否为你今后的学习带来帮助。

什么是"终极快速学习法"呢？

如果用一个词来概述它，那就是"以教促学"——如果你想确保自己真正地掌握了某个知识点，那你不妨试着向别人解释这个知识点。如果对方通过你的讲解理解了这个知识点，那意味着，你也已经掌握了它。

你可能会质疑：难道这就叫"终极快速学习法"？是的，不过如果要详细说一下步骤，大体上分四步。

第一步：选择一个你今天刚学到的知识点，把它写在一张纸上。

第二步：想象一下，你正要向一个学弟或学妹解释这个知识点。于是，你的大脑开始思考解释的具体过程。在解释的过程中，你只需要使用最简单的语言即可。

第三步：如果你解释到一半，忽然觉得卡住了，那么你可以暂停一下，查资料，搞清楚后继续解释也不迟。

第四步：重新解释这个知识点，直到你用的时间越来越短，讲解也越来越通俗易懂。

以上的四个步骤便构成了"终极快速学习法"。其实，最好的学习方法之一，就是借用自己的语言把知识教给别人，因为"教"反而能够促进"学"。很多同学乐于为别人讲题，他们在帮助别人的同时，也加强了自己对于知识的理解。

有的同学会说，费曼是天才，也是大师级的人物，他归纳出的这种学习方法，知易行难啊。那么，我们平时需要做些怎样的尝试，才能彻底掌握"终极快速学习法"呢？

第一，培养广泛的兴趣

小学阶段，由于学业还没有那么忙，我建议你多接触一些新事物。费曼不仅是个科学家，他在绘画、音乐、舞蹈、打鼓等方面，也是高手，他的生活也因此充满乐趣。别看他兴趣广泛，但他对待自己的每一样兴趣可不是蜻蜓点水、浅尝辄止。他一旦选择了一件事情，一旦开始做一件事情，便会非常专注，沉浸其中。

来看下面的故事：费曼是美国曼哈顿计划的成员之一，该计划的任务是研究原子弹。这个计划是高度保密的，研究人员彼此之间并不知道所谓的"同伴"在做什么。

当时，研究人员们每天工作完都要把资料交给安全人员锁进保险柜。结果费曼利用空闲时间研究密码锁，还成了专家，破解了安全人员的保险柜密码。有一次，他趁着别人不注意，把所有的保险柜全部打开，在每一个保险柜里放了一张纸条。安全人员进来一看，发现保险柜全部被打开了，一时吓得魂飞魄散，赶紧按响警铃。所有的保卫人员都出动了，研究人员也都出来围观，费曼也混在其中看热闹。保卫人员跑到第一个保险柜前,看到一张纸条,拿起来一看,上面写着"请看××号保险柜",跑到那个保险柜一看,又是一张纸条,上面还写着"请看××号保险柜",如此这般,直到最后一个保险柜,里面的纸条上写着:"猜猜看,这是谁干的?"

第二,一定不要死记硬背

费曼非常讨厌死记硬背。他曾在巴西待过两三年,发现巴西的学生虽然从小就勤奋、努力,又肯吃苦,考试时可以获得较高的分数,但是其他各项能力都相对较弱,原因便在于死记硬背。

再举个例子。在一名主修希腊文的学生的学位考试上,考官问这名学生:"苏格拉底谈到真理和美之间的关系时,提出过什么主张?"这名学生答不出来。

接着,考官又问:"苏格拉底在第三次对话录中跟柏拉图说过些什么?"学生立刻眉飞色舞,以极优美的希腊文,一字不漏地把苏格拉底说过的话背了出来。

其实,这两个问题的答案是一样的。

第三,学任何知识时都要多举例、多动手

费曼一生有三个法宝:一是好奇心,多思考"为什么";二是常拿生活中贴切的形象举例子;三是学以致用,亲自动手实践,来验证一些猜想。他曾经对催眠这件事情产生了很大好奇,于是就去找不同的催眠师为自己催眠,以便研究背后的原理等。

总结

这一讲我们分享了费曼的故事,也介绍了"终极快速学习法"。这种学习方法可概述为四步:在

白纸上写下一个你新学会的知识点；想象你正要将这一知识点解释给学弟学妹听，"脑补"一下讲解的过程；如果在解释过程中出现卡壳，暂停下来，查找资料；试图简化解释的过程，用最通俗易懂的话表达出来。

为了让你更好地掌握这种学习法，我向你提出了如下三条建议：广泛地培养兴趣爱好，切忌死记硬背，学任何知识时都要多举例、多动手。

最后，我要向你推荐一本书——《别逗了，费曼先生》，是费曼的传记。读了这本书，你会发现，原来理工科的学生也可以浪漫又有趣。

如何向高考状元们学习好习惯？

从古到今，考取状元都是非常难的。古时候，很多人是凭借苦读才出人头地的。因此，当我们谈到古代的状元时，脑海中难免会闪现出"头悬梁，锥刺股"的形象。然而，随着学习环境的改善，我们今天的考试状元往往拥有更多元化的形象。

我曾整理过一份包含 40 多位中国各省市高考状元的名单，详细查阅了这些状元的资料，得出了一个重要结论：这些状元，他们大都兴趣广泛、乐观开朗，拥有完善的人格、健全的心理和缜密的思维。这一讲，我们就来向高考状元们借鉴一下好习惯。下面，我将与你分享三个好习惯。

习惯一：充分利用学校的教学资源

相比于课下购买额外的教学资源，状元们更愿意直接用好本校的教学资源。

2017年湖南省理科状元李啸宇同学表示："我从小到大没有参加过任何培训班，也没学习过奥数。学习上只要能紧跟老师的节奏即可，完全不用给自己增加额外的负担。"

2017年黑龙江省理科状元白昊昕同学也强调："课堂效率一定要高，课上要把老师所讲的例题弄懂弄透。有不明白的地方，课下要第一时间去问老师。"

是的，平时紧跟课堂节奏，有问题时及时请教老师，这便足矣。千万不要总把希望寄托在课外的补习资源上。

习惯二：制订学习计划，更好地管理时间

如果你仔细观察这些状元的一天，就会发现他们当中极少有熬夜苦读的学生。相反，他们很善于制订计划，明

白应该如何管理自己的时间。

2017年吉林省理科状元曹宇涵同学就曾表示："我从不早起晚睡。相反，我愿意充分用好白天的时间，并保证自己每天的睡眠。即使在高考前夕，我也坚持每天晚上10点半之前就睡觉。"

2017年重庆市理科状元杨馥玮同学说："从高三上学期开始，我就对高中各科知识点的复习做出了详细规划，细致到哪一天的哪一个时间段需要复习哪一个知识点，并且在整个高三严格执行。到了高考前两天，我也没有加大复习力度，反而比较轻松。"

2017年四川省理科状元黎雨佳同学表示："每个星期我都会制订详细的学习计划，精确到一天中的每一个小时。每个星期，我都会写一篇周记，把当周在学习中遇到的问题以及心情记录下来。而且，有时候状态不好，写周记的过程也是自我梳理的过程，所以写周记十分有必要。"

习惯三：广泛培养兴趣爱好

这些状元绝不仅仅止步于课本学习，他们中的很多人都拥有丰富的兴趣爱好。

2017年甘肃省理科状元肖智文同学从小学五年级开始就痴迷于航模。刚开始他只是玩玩纸飞机，后来越玩越"高级"。从初中开始，他就学着自己设计、制作模型飞机，还造出了一台无人机。对航模的热爱并没有影响他的学习，他很好地找寻到了学习与兴趣的平衡点。

2017年福建省理科状元陈汜玄同学曾说过一句话，我深以为然，那就是"一个人的高中，不能只有课本"。他很庆幸自己在中学参加了很多课外活动。除了参加辩论赛、中学生精英峰会、学生会、诗社等，他还拍摄了微电影。此外，他还与同学组织了慈善公益活动。

在这些状元的兴趣爱好中，有两项尤为常见。其一是关注时事，关注新闻；其二则是热爱阅读。

2017年湖南省文科状元雷咏荃同学的卧室里全是书籍。虽然她会在阅读中积累写作素材，但并不提倡那种刻意把阅读当作积累写作素材的手段的行为，因为"写作最重要的是情感，要对生活有所感悟"。

同学们，兴趣爱好将成为你们一生的财富与伙伴。希望你们可以从小寻找到自己感兴趣的事情，并坚持下去。

总结

这一讲我和大家分享了高考状元们的成功秘籍。这些哥哥姐姐并不是学习机器，他们有三个好习惯值得大家学习，分别是：

第一，充分利用学校的教学资源；

第二，制订学习计划，更好地管理时间；

第三，广泛培养兴趣爱好。

希望你也能从他们的经历中获得启发。其实，能否成为状元并不重要，重要的是成为一个思想独立、兴趣广泛、目标明确又擅长管理时间的人。

如何做到文思泉涌和下笔有神？

这一讲我们课程的主题是"如何做到文思泉涌和下笔有神"。

同学们，你们知道怎样才能快速写出好作文吗？

之前，我讲到了"如何像村上春树一样养成好习惯"，然而，不少同学还是会被写作困扰。"有的时候写不出来，就算想坚持，也不知道写什么和怎么写，我应该怎么办呢？"好的，我们今天就聊聊写作这件事。

写作这件事，可大可小。往小里说，从小学一年级到高三，写作都是语文课重要的一部分；往大里说，无论是像奥巴马这样的政治家，还是像比尔·盖茨和扎克伯格这样的商业明星,他们的写作水平都非常出众,毫无疑问,良好的写作能力会让你在未来社会更容易受到关注。

但是有一句谚语叫作"罗马不是一日建成的",这些人的能力也都是训练出来的。那么,我们需要通过怎样的练习,才能让自己也成为写作高手呢?可能你的老师、爸爸妈妈都给你提供过不少小妙招,我再为你出几招,有的听起来比较另类,你也许会有些吃惊。

第一招:抄书和撕书

"抄书",指的是摘抄、抄写。很多同学从小喜欢读书,却很少主动动笔写字。读课外书的时候,如果你觉得哪段话非常精彩,不妨摘录到本子上,这个小习惯非常有用。有同学会问,可以打字抄到电脑或平板里吗?可以,但是一定不要复制粘贴。视觉上的看和亲自抄写,是有很大差别的。后一种做法,才能让那些话语潜移默化地变成你自己的一部分。

再来说"撕书"。我说的"撕书",可不是说背完一本书然后撕掉它,而是说在家里建一个"阅读墙"。什么意思呢?如果你看到一本书的某一页很精彩,我建议把这一页直接撕下来,贴到墙上。一来,多数人看书,哪怕是好书,最多也只看两三遍,然后就束之高阁,永不再看了。既然这样,不如把最精彩的书页撕下来,以免使整本书变成废品。你建立起来的"阅读墙",每天看一看,一来印象会越来越深,二来呢,因为你撕了不少书本的不同页,贴在了同一面墙上,各种各样的知识出现交叉,可能会让你联想出新的想法,譬如:如果孙悟空遇到哈利·波特会怎样呢?

第二招:每天坚持写100字,想写什么就写什么

我个人有写日记的习惯,这个习惯大约是在小学升初中的时候养成的。一开始是在日记本上写,上了大学之后,

在电脑的 Word 里写，再后来是写博客，现在就在手机里随时随地写……这二十多年写日记的习惯，令我受益良多。写日记并不需要写得面面俱到，我从不给自己设限，但求每天都写 100 字。想提高写作水平，写日记就是最好的方式。坚持半年后回过头看看，你会发现，原来自己干了一件了不起的事情！

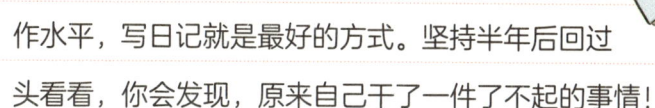

第三招：偶尔让爸爸妈妈替自己写

同学们注意一下，我不是建议你作弊，我所说的"让爸爸妈妈替自己写"，有几个前提。第一，要有一个上限，比如一学期最多三次。第二，如果是老师要求写的作文，那么你一定要诚实地告诉老师，这次是爸爸妈妈代你写的。为什么我会向你提出这种匪夷所思的建议呢？原因是，生活是最丰富的写作素材，而父母是你的第一老师。但是，爸爸妈妈平时看你写不出作文的时候，都做了什么呢？除了催促，最多再给你一些可能帮助甚微的建议。不如，这次让他们换个角色，以你的身份替你完成一篇，就当是用写作文这种方式回到自己小时候了。我这个建议是严肃又认真的,为什么呢?其实现在的成年人写文章,真的未必有同学们写得那么生动、有想象力。只有当父母亲自写一篇孩子的作文后,他们才能认识到,孩子写作遇到困难的时候,自己应该做些什么——没错,一定不是催促,而是激发。

总结

这一讲就如何快速写出好作文,平时应该如何积累和练功,给了你三个建议。它们分别是:抄书和撕书,每天坚持写100字,以及偶尔让爸爸妈妈替自己写。

村上春树说过这样一句话:

==这样的重复本身就很重要。这是一种催眠,我为自己催眠,以求更深入我的心灵。==

没错,成为大师和领袖的人物,无一不是意志和行动的双重巨人。把写作当成一种习惯,你的收获将超乎想象。

如何把自己的兴趣玩到极致?

这一讲的主题是"如何把自己的兴趣玩到极致"。

你有什么兴趣爱好吗?
是看书、踢球、画画,还是跳舞、游泳、写作呢?

不管你的兴趣是什么,我都鼓励你全心投入,说不定你会把兴趣"玩"成独特的成就。

在澳大利亚墨尔本,就有一个把编程的兴趣玩到极致的男孩,他的名字叫 Yuma Soerianto。2017 年,年仅 10 岁的小 Yuma,已经在苹果 App Store 里上架了五款自己设计开发的 App,还拥有一家 IT 公司。10 岁的小朋友都能开发 App 了,这听起来有些不可思议啊。Yuma 到底是怎么做到的呢?

这要从他 6 岁上小学那年说起。当时，Yuma 领到了一个学校发放的 iPad，他很快就发现里面有个苹果商店，从中可以下载 App，玩游戏、阅读、听音乐、学外语等各种类型的 App 都有。于是每天一回到家，他就痴迷地抱着 iPad，研究各种免费应用。一段时间后，他不再满足于此，于是开始使用爸爸的旧电脑，自己学编程、写代码，从此一发不可收拾。7 岁那年，他利用课余时间，自学完了斯坦福大学的免费在线编程课。当他再研究苹果商店里发布的 App 时，发现有一些 App 的设计原理变得非常容易理解，但还有一些 App 程序对他来说就像是迷宫，还是令他感到困惑。于是，他又研究起了苹果商店里排名前 100 的 App。

8 岁的时候，Yuma 忍不住要开发自己的 App 了。他首先想到的是开发一款方便人们生活的 App。他想到每次到了周末，妈妈带他去购物逛街，却常常不知道午饭要吃什么，最后还是开了很久的车，来到以前经常光顾的餐厅。

于是，Yuma 的灵感来了，他想开发一款 App，只要按一个按钮，系统就可以根据每个人所在的地点、喜欢的口味，推荐最适合的餐厅。Yuma 和他爸爸合作了整整两个月，终于研发出了这款 App。上架后，很多人进行了下载，而且都给出了大大的好评，这给了 Yuma 极大的鼓舞。后来他又一鼓作气开发出五款 App，且全部都在苹果商店上架了。

自己玩转编程还不够，Yuma 心想，既然编程那么有趣，那应该让更多人一起来玩啊！于是，他在 YouTube 视频网站上开设了编程课，名字就叫 Anyone Can Code（人人都可以编程），用通俗易懂的方式来教大家编程，没想到一推出就有不少人来听。更让人意外的是，他的学生大多是成年人，因为这位"小讲师"自己编写的代码很规范，讲课条理也很清晰，一点都不输给专业讲师。Yuma 在短短 5 年时间里，就从一个对编程一窍不通的孩子，变成了有史以来最年轻的 App 开发者和编程课老师。

讲完 Yuma 的故事，我们再来听听另一个小朋友的传奇人生。有一个小男孩，他对太空的热爱不亚于 Yuma 对编程的狂热。他小时候经常一天阅读 10 小时左右的科幻小说，其中一本《伽利略火箭》，讲述主人公参与登月火箭的制造和发射计划，更是让他萌发了造火箭上太空的梦想。这个太空梦对于一个十几岁的孩子来说似乎是遥不可及的，但是他还是小试了一把牛刀，用在书本里学到的火药配方——硝石、硫黄和木炭——制作了炸药和火箭。当然，他是在一个非常安全的环境里操作的，没有造成什么破坏。

没想到，长大后的他还是念念不忘想要造火箭，后来他用全部家当创办了一家专门研究太空探索技术的公司，致力于制造火箭，然而制造真正的火箭可不像小时候想的那么简单。他发射了三次火箭，三次都失败了，如果第四次再失败,他的公司就要破产了。要不要坚持下去呢?他选择了坚持,第四次发射了火箭,这一次,他成功了。

现在,他有了新的奇思妙想——在火星上建一个人类新家园,以解决地球上资源短缺、温室效应等各种问题。看到这里,你是不是已经猜出他是谁了呢?他就是被称为"硅谷钢铁侠"的埃隆·马斯克,特斯拉公司的 CEO,而我们提到的他创办的太空探索技术公司叫 SpaceX。其实现在世界上实现载人航天的国家只有美国、俄罗斯、中国,实现载人航天的机构只有 SpaceX。马斯克不仅仅是痴迷火箭的梦想家,同时也是把梦想变为现实的实干家。可以说他是把自己儿时的兴趣玩到了极致。

总结

听完 Yuma 和马斯克的故事,你有什么启发呢?为什么他们能把自己的兴趣一步步发展成扎实的技能,并且做出成绩来呢?我帮你总结了三个关键词,分别是:好奇心、自学精神和动手实践。Yuma 对于编程的好奇,促使他不断研究各种 App,利用课余时间上网自学,学到了知识还要动手实践,设计可以方便人们生活的 App,还把自己对编程的热爱分享给更多人;而马斯克对于太空冒险的好奇,促使他通过大量阅读去学习和研究火箭制造的知识,并且亲自动手造火箭,即使失败了也不放弃,最终实现了自己的太空梦。

  所以说,不要小看兴趣的威力,它能激发你的热情和行动力。当你对一件事情、一门乐器、一项运动感兴趣的时候,不妨大胆地动手实践吧!

如何提升自己的情商?

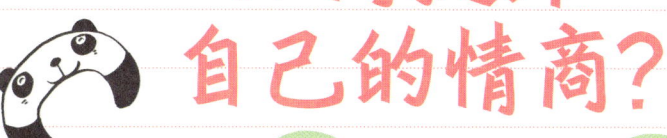

这一讲的主题是"如何提升自己的情商"。

情商这个词,大家平时常常听到,但你真的了解它的含义吗?很多人以为,情商高就是很懂人情世故。这种观点显然是错误的。

那么,怎么做才是真正高情商的表现呢?

美国耶鲁大学心理学博士、哈佛医学院讲师苏珊·大卫提出了如下观点:情商的本质是感知情绪、管理情绪的能力。这句话的意思是,如果你能够感受到自己和别人的情绪,就会被人评价为"情商高"。成为一个高情商的人,有两

个好处：第一，你可以更好地认识并管理自己的情绪，进一步了解自己；第二，你能学会感同身受、关心他人，培养出良好的人际关系。

那么，我们应该如何提升自己的情商呢？苏珊在《情绪敏感力》一书中给出了很好的建议，下面我把书中的精华总结一下，给你提三个建议。

建议一：允许自己适度哭泣，让情绪得到充分释放

哭泣，是情绪的一种表达方式。但很多人以为，哭是不好的行为。爸爸妈妈由于害怕你的情绪难以控制，常常会对你说："宝贝，要坚强，不要随便掉眼泪。"

但我想告诉你的是，如果情绪来了，不如就释放出来吧，没有必要压抑自己。从生理层面来说，哭泣时分泌的眼泪有一种神奇的功效，可以带走一种叫儿茶酚胺的毒素，帮助你减少精神负担，让情绪回归冷静。当然，哭也分"常态"和"病态"。你应该听说过《红楼梦》里的林黛玉吧？她是

一个特别多愁善感的人，连看见花儿落地都忍不住掉眼泪。很显然，这种哭泣已经是病态了。所以，哭泣虽有积极作用，也要注意控制强度、频率和时长。

我建议你跟爸爸妈妈约法三章。你不妨直接对他们说："爸爸妈妈，我想哭的时候，请你们给我几分钟的发泄时间，让我先哭一会儿，尽量别来打扰我！"一来，这样可以让爸爸妈妈意识到，适度哭泣是一件好事；二来，万一你真的情绪失控，也有人来帮助你、开导你。情绪是没有对错的，学会与它们好好相处，是成为情绪主人的关键。

建议二：了解各种各样的情绪，搞清楚自己的情绪成因

想要正确认识自己的情绪，你就要搞清楚自己的情绪成因。比如，你考试考砸了，忍不住大哭起来，哭本身没有问题，但你一定要搞清楚自己哭泣的原因是什么。是因为暂时的难过，还是因为长期的压力过大呢？前者相对容易处理，只要调整好心态，你就可以继续上路了。但后者就复杂一些了——你可能是对自己要求过高，一旦成绩不如

意就责怪自己,也可能是因为身体吃不消,觉得委屈才哭的。所以,你应该把成因细化一下,把最直接的感受和需求说出来,和爸爸妈妈商量一下:是否要减少兴趣班?是否需要改进学习方法?

但你可能会说:"我有时候根本不知道自己为什么哭!"没关系,我再给你提供一个小技巧,这是丹麦小学生的一个学习项目,叫作"Step by Step"。孩子们会看到一些与情绪有关的图片,之后,他们将一起探讨看图时的感受,要用尽可能具体的语言进行描绘。平时在家里,你可以邀请父母陪你一起玩这种游戏。此外,你在读小说的时候,也可以试着判断一下:书中的人物为什么会做出这种行为?他此刻的情绪是怎样的呢?

建议三：重温负面情绪爆发的全过程，做一次详细的复盘

再给大家分享一个我个人的习惯。负面情绪是难以避免的，为了不把它"传染"给别人，我习惯以写心情日记的方式释放它们。在每天临睡前，我会回顾当日发生的事情，把其中出现过的负面情绪全部记录下来。当然，要记录的不仅仅是情绪本身，更重要的是要把前前后后发生的事情、自己的心理变化，以及最终导致情绪爆发的原因写下来。

起初，我写心情日记的时候也深感不易，因为负面情绪爆发时，人是不理智的。但经过一个月的记录，我发现自己对情绪的起伏变化越来越敏锐了，于是我就在负面情绪爆发之际提醒自己：小心，类似的错误已经犯过不少了！

同学们，我建议你们也用写心情日记的方式来回顾自己的情绪。进行复盘时，一定要仔细，最好落实到具体的动作是怎么做的，话是怎么说的。写完日记，还要问问自己：如果同样的情况再次发生，自己哪里可以做得更好呢？

通常，对于某件会触发你负面情绪的事情，你第一次经历时的情绪是最强烈的。如果下一次碰到同样的事情，你的心情通常会平静很多，你甚至会觉得这根本不值得一提。学会复盘情绪，是你成长的体现。当你对情绪的细节有更深入的认识，你对情绪变化的感受就会更加敏锐，在不久的将来，你就能水到渠成地管理情绪了。

总结

这一讲，我就如何科学管理情绪，为你带来了三个建议：

第一，允许自己适度哭泣，让情绪得到充分释放；第二，了解各种各样的情绪，搞清楚自己的情绪成因；第三，重温负面情绪爆发的全过程，做一次详细的复盘。

我相信，你的情绪管理能力一定会越来越强，情商也将不断提高。同学们，让我们一起加油吧！